KARL SPIESBERGER

DIE AURA
DES MENSCHEN

KARL SPIESBERGER

DIE AURA
DES MENSCHEN

Wie die Aura sichtbar gemacht werden kann
und was ihre Farben bedeuten

VERLAG HERMANN BAUER
FREIBURG IM BREISGAU

CIP-Kurztitelaufnahme der Deutschen Bibliothek

Spiesberger, Karl:
Die Aura des Menschen: wie die Aura sichtbar
gemacht werden kann und was ihre Farben
bedeuten/Karl Spiesberger. –
5. Aufl. – Freiburg im Breisgau: Bauer, 1986.
 ISBN 3-7626-0102-X

5. Auflage 1986
ISBN 3-7626-0102-X
© by Verlag Hermann Bauer KG, Freiburg im Breisgau.
Herstellung im Rombach: Druckhaus KG,
Freiburg im Breisgau.
Printed in Germany.

Inhalt

VORWORT

Ohne Umschweife: Vorliegende Schrift soll zum Forschen anregen. Sie will Anregungen vermitteln, die es ermöglichen, die metaphysische Natur des Menschen empirisch zu beweisen.

Grundthemen sind die fluidalen Prinzipien, der Äther- und der Astralleib, insonderheit die menschliche Aura.

Wer über Sensitive, über Medien verfügt oder selbst sensitiv ist, noch dazu magische Fähigkeiten besitzt, dem erschließt sich nicht nur ein ausgedehntes, hochinteressantes Forschungsfeld, um nichts weniger wird seine Weltanschauung im Hinblick auf die letzten Dinge an Bereicherung erfahren.

Ohne sich allzuviel mit Theorien zu belasten, kann ein jeder, Okkultist, Konfessionsgebundener und Atheist, an die hier geschilderten Experimente herangehen.

Außer einem gewissen Grad von Sensitivität, Medialität und magischem Können bedarf es wenig an Zubehör. Eine absolut lichtgeschützte Dunkelkammer und eine Aurabrille genügen fürs erste; oder auch letztere allein.

Berlin, im Mai 1962

1. DER MENSCH —
GRÖSSTES ALLER RÄTSEL

Nach Mond und Sternen greift die Wissenschaft. Den Raum — Symbol einstmals der Ewigkeit — durchrasen ihre Raketen. Emsig arbeitet sie dem Tode in die Hände. Was vordem Pest und Cholera in Jahren nicht vermochten, schafft der Wissenschaftler im Verein mit „Kulturwerte" schützenden Generalen in der Schnelle eines Augenblickes.

O, wie herrlich weit haben sie es gebracht, diese Herren allesamt, geehrt mit Rang, geschmückt mit Orden, Zierde des Pantheons der Größen dieser Menschheit.

Scheinbar nichts widersteht ihren Forscherhirnen. Naturkräfte werden genützt, Naturgewalten gebändigt oder verantwortungslos entfesselt. Längst ist der Mensch auf dem Weg zum Übermenschen, und doch, o Ironie, ist er der Forschung vernachlässigtes Objekt. Was weiß die offizielle internationale Wissenschaft von seiner *wahren* Natur? Selbst die aufgeschlossensten Psychologen antworten mit Schweigen auf die von urher gestellte Frage:

Wer — was sind wir in Wirklichkeit? Wo ist unser Ursprung? Wo unser Ziel?

Begrenzen tatsächlich Wiege und Grab unser ganzes Sein? Ist dieses zu Krankheit, Altern und Tod verurteilte Gefüge aus materiellen Substanzen wirklich unsere einzige Hülle, darin chemische Prozesse Empfindungen, Gefühle wie Gedanken bewirken? (Demnach auch die Werke eines Goethe, eines Beethoven!) Die Wissenschaft zumindest neigt zu dieser Ansicht; ja, sie darf gar nicht anders urteilen, will sie eine exakte, *empirische* bleiben, denn was sich dem konkreten Beweis entzieht, ist Spekulation. Damit aber mag sich der Philosoph beschäftigen und zu den X-Systemen noch ein neues schaffen.

Die Wissenschaft hat demnach bis zu einem gewissen Grade recht, wenn sie den Menschen ausklammert; paßt er doch so wenig in ihr Labor, da er — medizinisch orthodox gesehen — nach außenhin kein Experimentierfeld bietet. Freilich einige wenige ihrer Vertreter sind anderer Meinung und haben es wahrlich nicht leicht in den Reihen ihrer Kollegen.

Ebenso im Stiche lassen uns die Konfessionen aller Richtungen. Diese wiederum fordern bedingungslosen Glauben, vorbehaltloses Anerkennen von Unbewiesenem. Widerspruchslos sollen dunkle Texte hingenommen werden, auf Worte soll man schwören, deren innerer Sinn der heutigen Priesterschaft verloren gegangen ist, Dogmen sich beugen, die den gesunden Verstand verhöhnen.

Der Denkende bäumt sich dagegen auf. Glaube, der nirgendwo seine Bestätigung findet, ist absurd. Dem Einfältigen mag er genügen, dem Vernunftbegabten nimmermehr!

Verbleiben somit nur noch die Geheimlehren der verschiedensten Zungen und Zeiten mit ihren Hypothesen, wovon vieles allerdings sehr einleuchtend scheint, einleuchtender jedenfalls als manche Kirchenlehre. Trotz allem aber Hypothesen nur, solange es an Beweisen im empirischen Sinne fehlt.

Wohl schwören Okkultisten inbrünstig auf diese oder jene Theorie und führen — worüber sich schon eher sprechen ließe — eigene Erfahrungen mit ins Treffen.

Nur leider entbehrt derlei Erfahrungsgut gar zu oft des Fundamentes, auf dem weitergebaut werden kann. Eines solchen Fundamentes jedoch bedarf es, um jeden Zweifler zu befriedigen, um endlich so die Wissenschaft zu zwingen, mitzuarbeiten und das Menschenrätsel lösen zu helfen.

Damit ist zugleich denjenigen Materialisten eine Chance gegeben, die behaupten, dereinst einmal die Schöpfung bis ins Innerste ihrer Geheimnisse entkleidet zu haben. Bei diesem Drang, in das Intimste, Geheimste einzudringen, müßten sie zwangsläufig auch einmal über das Nächstliegende, den Menschen stolpern.

Nicht neu ist die Erkenntnis: Wer das Geheimnis des Menschen löst, löst zugleich das letzte Rätsel der Natur.

Warum aber ist man nicht längst schon drauf und dran, ebenso ins Innere der Menschnatur einzudringen, so wie man weltenweit eindringt ins Innerste des Atoms?

Gern stimmen wir dem dialektischen Materialisten bei in seiner überkühnen Ansicht: Das Schöpfungsrätsel kann beantwortet werden — nur fügen wir hinzu: Nicht mit den Mitteln einer noch so hochgezüchteten materialistischen Wissenschaft allein.

Immerhin hat er die Aussicht weiterzukommen als jene im Dogmenkram Erstarrten. Diese werden nie die Tore dazu öffnen, dahinter sich die Daseinsrätsel bergen. Weit lieber schließen sie überängstlich jeden Spalt, der sich zu öffnen droht. Zeitvergeudung wäre es, mit solchen zu rechten. Was wir verlangen, können sie nicht geben und wollen es auch nicht: *Untrügliche Beweise, daß der Mensch mehr ist als er* — alltagsverstrickt, eher Tier als vernunftbegabte Kreatur — *zu sein vermeint.*

Streng genommen sind diese Beweise ja längst erbracht und dies nicht von religiösen Schwärmern, nicht von leichtgläubigen Okkultisten, Opfer raffinierter Schwindler, nein, von Männern mit gesunder, überdurchschnittlicher Beobachtungsgabe.

Das Erstaunliche hierbei ist nur, daß die Entdeckung dieser Männer, die bereits im 19. Jahrhundert lebten, nicht längst ihren Triumphzug um den Erdball machte. Genannt seien die Namen: *Karl Frh. v. Reichenbach,* dem die Chemie Kreosot und Paraffin verdankt, *Entdecker des odischen Leuchtvermögens beim Menschen und in der Natur,* Oberst *Albert de Rochas,* der das *menschliche Empfindungsvermögen außerhalb des Körpers verlegte,* und *Hector Durville,* dem es gelungen ist, die *feinstofflichen Prinzipien von der Physis* zu trennen, demzufolge also, das Menschenwesen zu spalten.

Die Forschungsergebnisse dieser Pioniere erneut bewiesen, fordern unweigerlich zu Konsequenzen auf, denen kein hirnvernebelndes Dogma, keine noch so geschickte dialektische Spiegelfechterei sich auf die Dauer widersetzen kann. Unerhörte Fakten sprechen hier, die allerorts, ganz besonders aber auf Kanzeln, Prediger- und Lehrstühlen gehört werden müssen.

2. DER MENSCH
IN OKKULTISTISCHER
BETRACHTUNG

Die die Hörsäle beherrschende Wissenschaft schweigt sich aus über unseren wahren Daseinszweck, und was die Konfessionen der verschiedensten Glaubensmeinungen darüber sagen, befriedigt kaum. Heute weniger denn je. Wo ist für einen Himmel — gegenständlich genommen — im Raum noch Platz, seit ihn die Astronomen mit Myriaden Weltsystemen füllen?

Aber wie nun eigensinnige Sucher einmal sind, sie fragen unbequemerweise weiter. Ganz genau wollen sie es wissen, wohin die Seele geht, da nirgendwo im All ein Plätzchen frei für sie. Und übrigens möchten sie zuvor es klipp und klar bewiesen haben, daß überhaupt so etwas wie ‚Seele' vorhanden ist. Von deren Wesensart möchten sie etwas erfahren, von deren Funktionen, wie sie in Erscheinung tritt, deren Existenz im Experiment unwiderleglich erhärtet sehen.

„Luziferische Überheblichkeit": wird entrüstet der Glaubensfromme sagen, — von Grenzen, die uns (vorläufig zumindest noch) gesteckt sind, das Gros der Wissenschaftler sprechen.

Verbleiben demzufolge — abgesehen von den Erfahrungen der Außenseiter — nur die esoterischen Überlieferungen, daran sich freilich weder der Konfessionsgebundene noch der orthodoxe Wissenschaftler kehrt.

Tiefe Einblicke erschließen die Geheimphilosophien. Vertrauen wir uns vorerst einmal der guten alten *H. P. Blavatzky* an. War sie es doch, die als erste uns die stärksten geistigen Impulse aus dem Osten vermittelte. Nirgends gab es vordem so tiefschürfende Darlegungen der okkulten Lehren. Selbst ein Dr. Rudolf Steiner, vormals Generalsekretär der deutschen Theosophen, später Begründer der Anthroposophie, war bei ihr und ihren Mitarbeitern in die Schule gegangen. Ohne theosophische Vergangenheit wäre seine Anthroposophie nicht denkbar.

Zwar tritt uns auch die östliche Theosophie stark religiös verbrämt entgegen, dennoch bietet sie vorzügliche Anhaltspunkte, dem Urgeheimnis Mensch näher zu kommen.

Der Mensch als metaphysische Erscheinung, korrespondierend mit den Dimensionen der Transzendenz

Nicht für sich allein steht er da, der Mensch, kein Klumpen Materie bloß, ins Leben gerufen und erhalten durch irgendwelche chemischen Prozesse, ausgesetzt einer ebenfalls durch Zufall ins Dasein getretenen Umwelt, mit der er sich in sinnlosem Kampfe auseinanderzusetzen hat, bis ihn ein anderer unerbittlicher Naturvorgang endgültig auslöscht. Nach den geheimen Lehren gehört er mehreren Welten an.

Das sichtbare Universum, das uns umgibt, ist nicht die einzige existierende Welt, sondern die letzte, dichteste der Daseinswelten, die alle aber atomar sind in ihrer Struktur, aufgebaut nur von subtileren Atomen als diejenigen in der physischen Sinneswelt.

Und nicht etwa gestuft, von einander getrennt, befinden sich jene Welten, Ebenen oder Pläne, wie man sie nennt, im Raume, vielmehr sie durchdringen sich vermöge ihrer von Plan zu Plan immer subtiler werdenden Substanz. Somit ist um uns alles das, was Gläubige als Himmel, Hölle, Fegefeuer bezeichnen. Wir nehmen es nur nicht wahr, weil unsere herkömmlichen Sinne auf die transzendentalen Schwingungen nicht geeicht sind. Das uns für gewöhnlich zur Verfügung stehende Sinnesvermögen ist ausschließlich den irdischen Bedingungen angepaßt, und selbst diesen nur sehr unvollkommen. Benötigten wir sonst Röntgenschirm, Mikro- und Teleskope?

Ebenso erhalten wir Antwort auf die Frage, wohin das Unsterbliche im Menschen geht, auf die Theologen keine konkrete Antwort wissen. Die Seele, oder wie wir sonst den transzendentalen Teil in uns nennen mögen, tritt über auf jenen Daseinsplan, der ihrem Entwicklungsgrad entspricht, gemäß ihrem Wirken in dem eben abgeschlossenen Leben.

Desweiteren vernehmen wir, daß es keineswegs der erste Übertritt von Hier nach Dort ist, wenn ein Mensch, wie es im landläufigem Sinne heißt, stirbt; da es ja auch nicht bei der Geburt zum erstenmal der Schritt ins Leben gewesen war. Ein Eintritt, der nicht rein zufällig erfolgte, ebensowenig nach „unerforschlichem Ratschluß", sondern nach unbestechlichem Naturgesetz. Das Gesetz von Ursache und Wirkung, das Kausalgesetz ist es, das für jedes Ego den Zeitpunkt seiner Wiederverkörperung gemäß dem angehäuften Soll und Haben aus früheren Erdenexistenzen bestimmt.

Re-Inkarnation und *Karma* — Wiederverkörperung und Evolution durch Schuldbegleichung und Höherentwicklung — sind die beiden Grundpfeiler jedweder echten esoterischen Lehre. Bar dieser tragenden Stützen gerät jeder Tempel, in dessen Mauern die Gerechtigkeit Gottes gepredigt wird, ins Wanken. Sind es doch die kniffligsten Fragen, die ein jeder stellt, dem es an Glaubenseinfalt fehlt:

Die eine: Warum Gott — wofern er ist — seinen Geschöpfen so Ungeheuerliches an Mißgeschick, Leid und Grausamkeiten aufbürdet? Noch dazu, wie es allerwegen scheint, sehr willkürlich und höchst ungerecht hierbei zu Werke geht.

Die andere: Wohin geht die Wanderung? sofern es tatsächlich ein Nachher gibt. Welche Regionen harren unserer?

Nun, beide Fragen haben ihre Antwort in den alten Büchern längst gefunden. Und gar nicht einmal unwissenschaftlich. Begegnet uns doch das Gesetz der Evolution wie das der Kausalität überall in der Natur. Kein Grund also anzunehmen, daß dies in den geistigen Regionen nicht der Fall sein soll. Erklärt sich doch das Wesen des Genies durch eine Anzahl von Erdenleben wissenschaftlich weit eher, als durch ein einziges, nicht selten nur wenige Jahre währendes.

Ebensowenig Schwierigkeiten dürfte es im Zeitalter der Strahlungs- und Schwingungsforschung bereiten, höherdimensionale Schwingungszustände anzuerkennen und eine analoge Entsprechung im Menschen für möglich zu halten.

Mit der uns schwingungsmäßig am nächsten liegenden *Astralwelt*, die in ihrer verschiedenen Stufenunterteilung Hölle und Fegefeuer der Christen sowie das Sommerland der Spiritisten umfaßt, korrespondiert unser *Astralleib*, mit der niederen Himmelswelt der *Devachan-Ebene* unser *mentales Prinzip*, indes das in seiner

Kausalschwingung lebende unvergängliche *Ego* dem höheren Devachan, dem *Kausalplan* zugehört.

Nach Verlassen der körperlichen Hülle durchschreitet das Ego, die keinem Tode unterworfene menschliche *Individualität*, Plan für Plan, legt innerhalb unbestimmbarer Zeiträume Astral- und Mentalleib ab und verweilt sodann im Kausalkörper auf der Kausalebene, bis das karmische Gesetz es zu neuer Fleischwerdung abberuft, wobei das Ego in umgekehrter Folge in neue Schleier mentaler und astraler Materie sich hüllt.

Und dies so fort von Leben zu Leben, bis ihm endlich der Durchbruch zu den ihm übergelagerten Prinzipien des *buddhisch-atmischen Planes* gelungen ist.

Einsgeworden einmal mit diesen für uns unfaßbaren Seinswelten gibt es keine fleischliche Verkörperung mehr; denn erfüllt hat sich der Sinn des Erdenseins.

Wieder ist das Menschwesen zu dem geworden, was es seit eh und je schon war.

Die transzendentale Konstitution des Menschen

Wohl ist auch das, was uns die Geheimphilosophie verrät, wiederum nur Hypothese, die allerdings einen großen Grad an Wahrscheinlichkeit beinhaltet und die Vernunft weit eher befriedigt als überkommener Väterglaube; für eine empirische Wissenschaft freilich bleibt auch sie nur Spekulation, solange sie nicht eindeutige Beweise stützen.

Zwar versichern Theosophen und andere solcherart Beweise zu besitzen. Bis ins Detail schildern Hellseher die feinstofflichen Prinzipien und wissen viel Interessantes aus den uns übergelagerten Welten zu berichten; so zum Beispiel *C. W. Leadbeater,* der leider so Umstrittene.

Der Astralleib,

dichtestes Vehikel nach dem körperlichen Hinscheiden, spielt eine tonangebende Rolle. In ihm dürften die Psychologen den Sitz des Unterbewußtseins finden, gilt doch der Kama-rupa als Träger aller Regungen in der Gefühlssphäre. Begierden, Triebe, Leidenschaften, Affekte: was immer nur das Gemüt bewegt, es stammt aus ihm.

Die Atome seiner Substanz gehören dem Astralplan an, jener Welt, die uns umgibt wie die Luft, die wir atmen. Wie nehmen jene Welt nur deshalb nicht wahr, weil ihre Materie von unvorstellbarer Feinheit ist. Gleich der grobstofflichen Materie sind auch die astralen Stoffe von verschiedener Dichtigkeit, wovon der Astralleib nicht ausgenommen ist. Der Charakter seines Besitzers entscheidet über die Feinheit der Struktur.

Wenig noch organisiert ist die dunkel erscheinende Astralmaterie bei unentwickelten Individuen. Ohne scharf umrissene Konturen, eher einer „ungestalten Wolke" gleichend, ähnelt sie wenig einer menschlichen Gestalt. Anders hingegen bei höherstehenden Charakteren. Hier ist Gestalt wie Organisation des Astrals wohl ausgebildet.

Schwebt der Astral des Unentwickelten noch als formlose Masse über dem Schläfer, unfähig, Eindrücke aus der Astralwelt dem physischen Gehirn zu übermitteln, so ist jener des Höherentwickelten bereits imstande, auf weite Strecken sich zu entfernen und Einblick in transzendentale Wesenszustände zu gewinnen. Die Träume bei einem solchen Menschen werden allgemach lebhafter, sinnvoller, Antworten auf gestellte Fragen blitzen auf, und beim Erwachen verbleibt ein mehr oder minder starkes Daranerinnern.

Mit einem Wort: Ethisches Verhalten, geistiger Fortschritt und Entwicklung des Astrals bedingen sich wechselseitig.

Jedoch ein leeres Schemen nur wäre der Astralkörper, durchdränge ihn nicht ein geistiger Strahl: Das Denkprinzip.

Der Mentalkörper,

in dem die Atome der mentalen Welt kreisen, ist dessen Träger. Es ist dies ein ziemlich verwickelter Vorgang. Soviel nur wollen wir hier festhalten:

Die Geheimlehre spricht in diesem Zusammenhang vom *Manas*, dem Denker, der sich vermöge des mentalen Vehikels mit dem Astralleib verbindet und so als *Kama-Manas* das repräsentiert, worunter wir schlechthin Verstand, Persönlichkeit, das Ich verstehen.

Manas als solches aber, das höhere Manas, wirkt vom Kausalleib aus. Es ist die *unsterbliche Individualität*, die ein Manasaputra, ein „Sohn des Geistes" ist, die vormaleinst zur Erde niedergestiegen ist, um „Wohnung in der menschlichen Quaternität, dem geistlosen Menschen" zu nehmen: Das „höhere Ich", das sich „*reinkarnierende Ego*".

Somit haben wir im höheren Manas den himmelwärts

strebenden Geist zu erblicken, im niederen den erdverhafteten Gehirndenker, wie er uns allerwegen entgegentritt.

Im Mentalkörper nun, Sitz des niederen Manas, gehen diejenigen Prozesse vor sich, die mit der herkömmlichen Intelligenz, mit dem logischen Verstandesdenken zu tun haben. Desgleichen werden die Funktionen des Willens von hier aus gesteuert.

Fassen wir also kurz zusammen, was uns eingeweihte Okkultisten lehren:

Die *Gefühlsbereiche* liegen im *Astral-,* die *Belange des Intellekts* im *Mentalleib.*

Doch beide könnten dem physischen Körper ihre Impulse nicht vermitteln, bestände nicht zwischen jenen und diesem ein Bindeglied:

Der Ätherleib,

Linga-sharira, Spiegelbild des physischen Menschen. Seine atomare Struktur gehört noch unserem Daseinsplane an, und zwar dessen Ätherbereich, der dem gasförmigen Zustande folgt.

Eng ist der Ätherleib mit dem irdischen verbunden; im Gegensatz zum Astralkörper kann er sich nicht weit von seinem irdischen Träger entfernen. Getrennt von der Physis bleibt er vermittels eines ätherischen Bandes — der „silbernen Schnur", die erst im Augenblick des Todes reißt — mit jener verbunden.

Verletzungen, dem ausgetretenen Ätherleib zugefügt, übertragen sich auf den physischen Körper. Bei einer Spaltung, die Okkultisten oft bei Somnambulismus und anderen abnormen psychischen Zuständen beobachtet haben wollen, verliert die Physis ein Beträchtliches an Lebenskraft, ist doch der „Bildekräfteleib", wie ihn Steiner nennt, Träger und Mittler der pranischen Lebensenergie. Etwas merkwürdig soll dieser Spaltungsvorgang sich vollziehen, wie man in der okkultistischen Literatur nachlesen kann. Der Ätherkörper tritt nämlich nicht, wie eigentlich zu erwarten, als Ganzes aus, sondern geteilt, die eine Hälfte nach rechts, die andere nach links. Erst nach vollzogenem Austritt vereinigen sich beide Teile wiederum. Behalten wir dieses nicht ganz glaubhaft Klingende im Gedächtnis und erinnern wir uns daran, wenn wir uns mit Durvilles Forschungen beschäftigen.

Im Ätherleib haben viele Phänomene des Hellsehens, der Telepathie wie der Hypnose ihren Ursprung; ja, es werden ihm sogar die mannigfaltigsten Spukmanifestationen — Klopflaute, Berührungen, Rücken oder Werfen von Gegenständen — zur Last gelegt. Auch dieser Behauptungen von Theosophen und anderen wollen wir uns bei Durvilles Versuchen entsinnen.

In der Nähe von Sterbenden, mit denen der ätherische Doppelkörper nur mehr sehr locker verbunden ist, wird dieser zuweilen als violettes Licht oder violette Gestalt erblickt, desgleichen über frischen Grabhügeln.

Nicht lange aber überdauert Linga-sharira den Tod des physischen Abbildes. Wenige Tage später bereits löst sich das ätherische Double auf; als dichtester Körper für das Ego verbleibt nunmehr der Astralleib, der in die ihm wesensgemäße Sphäre eingeht.

Die verschiedenen feinstofflichen Schwingungszustände, eng mit dem physischen Körper verbunden, bilden über diesen hinaus strahlende Perisomen, subtile Umkörper:

die Auren.

Meist spricht man von ihnen nur im Singular, jedoch es sind ihrer mehr. Die Geheimlehre nennt uns:

1. Die *Aura des spirituellen Körpers.*
Ausdruck des buddhischen Prinzips, das das Menschwesen mit der über dem Kausalplan liegenden Buddhi-Ebene verbindet. Durch den spirituellen Leib pulsiert das feurige Atma-Leben der Logossphäre. Diese Aura, von wunderbarem Glanze beim Initiierten, findet sich beim Normalmenschen wohl nur höchst rudimentär oder gar nicht vor.

2. Die *Aura des Kausalkörpers.*
Die kausale Schwingung entstammt der Arupa-Stufe der Mentalwelt, meist Kausalplan genannt, die eigentliche Heimat der menschlichen Individualität.

3. Die *Aura des Mental-* oder *Denkkörpers,* korrespondierend mit der Rupa-Ebene des Mental- oder Devachanplanes.

4. Die *Aura des Astralleibes,*
verbunden mit der Astralwelt.

5. Die *Aura des Ätherleibes,*
angehörend der Äthersphäre der physischen Daseinswelt.

Zumeist werden die Auren geschildert als eiförmige Gebilde von verschiedener Größe, die den Körper umhüllen.

Der Grad der Hellsichtigkeit wie Einstellung auf das, was man zu sehen wünscht, entscheiden, welche Aura ins innere Blickfeld des Sehers tritt.

Für die Forschung sind zwei Auren von besonderer Bedeutung. Hören wir, was führende Okkultisten über diese zu sagen wissen.

Die astrale Aura

Der Astralleib durchdringt und erfüllt den ganzen physischen Körper und ragt über diesen noch um einiges hinaus. Dieses ihn umschließende Oval ist die astrale Aura.

Sie entsteht nach Ansicht der Geheimforscher bereits bei der Geburt, ja früher schon. Das sich verkörpernde Ego zieht astrale Materie an, die sich zur Eiform schließt. Der neu entstehende Körper übt bei der Vereinigung mit dem Astralleib sofort eine Anziehung auf die ihn durchdringenden und umhüllenden Astralatome aus.

Anfangs ist der Astralleib lediglich eine ungeordnete Anhäufung von Astralteilchen, erst durch die Einwirkung des physischen und des ätherischen Körpers kommt allmählich Ordnung in die Astralpartikelchen, wodurch der die Physis erfüllende Astralleib entsteht, und dies auf Kosten des noch subtileren außen verbleibenden Teiles, der nunmehrigen Aura.

Das Wachsen des grobleiblichen Körpers bedingt ein immer stärkeres Hineinziehen von Astralatomen in denselben. Beim Erwachsenen befinden sich etwa 90% der Masse des Astrals trotz fortwährender Bewegung innerhalb der Körperhülle. Die Ansammlung der Astralatome im Körperinnern ist wesentlich dichter im Vergleich zu der bedeutend aufgelockerteren Astralaura. Was mithin erklären würde, daß Hellseher den Astral als menschliche Gestalt in Form „scheinbar dichten und festen, farbigen Nebels" beschreiben, umhüllt von einer durchsichtigen eiförmigen, gleichfalls farbigen Wolke.

Die Astralteilchen des eigentlichen Kama-rupa und die der Astralaura befinden sich im ständigen Austausch und erregen dadurch den Eindruck heftig kochenden Wassers.

Durchschnittlich ist die Ausdehnung der Aura doppelt so lang und viermal so breit als der physische Körper. Doch es gibt hierbei viele Abweichungen.

Eigene wie fremde Gedanken haben auf den Astralstoff großen Einfluß. Je nach Gedankenrichtung ändert er vorübergehend Form und Farbe. Anhaltendes, gleichgerichtetes Denken ruft mit der Zeit große Veränderungen hervor, im günstigen oder ungünstigen Sinne, je nach Denkrichtung. Der Astralleib, insbesondere seine Aura, registriert genauestens den Entwicklungsgang. Nicht umsonst also legen Esoteriker aller Richtungen so großen Wert auf richtige Lebensführung und entsprechende okkulte Schulung; denn als Ziel obenan steht die Verfeinerung der bei den meisten Menschen noch ziemlich groben Astralmaterie.

Gedanke und Wille sind sogar befähigt, so wenigstens wird behauptet, Astralmaterie vorübergehend zu Kleidung umzugestalten. Dieser Drang, sich in eine bestimmte Bekleidung zu hüllen, soll durchweg bei allen außerhalb ihres Körpers Weilenden — etwa im Schlafe Wandelnder — äußerst mächtig sein. Stets aber ist eine solche Gewandung Produkt von Wille und Vorstellungskraft.

Große geistige Aktivität vergrößert die Aura. Sie breitet sich aus „von innen nach außen; alles was sich jedoch auf das Animalische bezieht, äußert sich in Form von unregelmäßigen Wolken, welche die Aura durchfluten".

In allen nur erdenklichen Farbnuancen schillert die Aura. Oftmals sind diese Farben von einem Glanze, der den irdischen völlig mangelt; selbst die trübsten Farbtöne sind von der Art eines „trübleuchtenden Feuers".

Temperament, Stimmungen, Begierden, Gefühlswallungen, kurzum jedweder emotionelle Vorgang drückt sich in der Astralaura in Form und Farbe aus, zum Teil auch mancher Einfluß vom Intellekt her, also mehr geistige Eigenschaften, soweit diese Kama-Manas entspringen.

Ununterbrochen wogt das Farbenspiel in der Aura. Nur die konstanten Charaktereigenschaften — Talente, festgewurzelte Gewohnheiten und ähnliche Wesenszüge — zeigen sich in gleichbleibenden Grundfarbtönen.

Bei leidenschaftlichen, stark triebgebundenen Naturen sieht die astrale Aura (ein gleiches gilt für die Mentalaura, in der sich ähnliche Farbenspiele spiegeln) wesentlich anders aus als bei einem beherrschten, spirituell eingestellten Menschen.

So wenigstens schildern es Hellseher und im magnetischen Schlaf befindliche Somnambule. Ihre Schau freilich bedarf einer ganz besonderen Konzentration. Der Seher muß sich scharf auf die Aura des Betreffenden einstellen, um diese von den allgemeinen Eindrücken der um sie pulsierenden Astralwelt unterscheiden zu können. Der Nichtgeschulte steht zumeist völlig ratlos dem auf ihn „zuströmenden astralen Leben, mit all seiner Farben- und Formenfülle" gegenüber.

Dieser werden verschiedenerlei Strahlungsgattungen zugesprochen, da im „Bildkräfteleib" diverse Ätherkräfte wirksam sein sollen. Dichtere Ätherstoffe werden von feineren durchdrungen, so daß „die verschiedenen Ausstrahlungen ruhig nebeneinander bestehen können, ohne in eine einzige Strahlung zusammenzufließen".

Was in engerem Sinne als

Gesundheitsaura

verstanden wird, setzt sich zusammen einerseits aus den aus den Poren ausgestoßenen unendlich kleinen Stoffpartikelchen, bedingt durch Schweißabsonderung und andere körperliche Vorgänge, vom Hellseher als grauer Nebel gesichtet — anderseits aus dem dem Ätherleibe entströmenden überschüssigen Fluid. Genanntes Fluid, mit Lebenskraft geladen, dringt „als eine unendliche Menge feiner Strahlen aus den Poren des Körpers nach allen Seiten heraus".

Diese Ausströmungen der Lebenskraft, von der Oberfläche des Ätherleibes ausgehend, wird nicht selten mit der vorhin besprochenen astralen Aura verwechselt.

C. W. *Leadbeater* schildert die Gesundheitsaura als schwach leuchtenden, grauvioletten Nebel, „der alle Teile des physischen Körpers durchdringt und nicht sehr weit über ihn hinausreicht".

Die Gesundheitsaura gestattet dem erfahrenen Seher diagnostische Schlüsse zu ziehen. Beim gesunden Menschen nämlich sind die Strahlen parallel ausgerichtet, weil das überschüssige Lebensfluid mit großer Kraft dem Ätherleib entstrahlt. Zudem halten die entströmenden Energien Krankheitskeime fern. Sie stoßen sie gewissermaßen ab. Beim Kranken hingegen sind die Lebenskraftstrahlen träge, nach abwärts gebogen und in ziemlicher Unordnung, ganz besonders überkreuzen sie sich über den erkrankten Körperstellen.

Noch eine sehr wichtige Strahlungsart — sie wird uns noch sehr beschäftigen — entdecken Sensitive in der Aura des Ätherleibes. Vorgreifend unserem Thema wollen wir diese als

Odische Aura

bezeichnen. Von dieser Sicht aus betrachtet, zeigt sich das ätherische Perisoma *zweifarbig:*

> bläulich die rechte Körperhälfte,
> rötlich zumeist die linke.

Die Farben der Aura

Außer dem Violettgrau des Ätherleibes sowie dem bläulich-roten odischen Leuchten durchziehen wahre Farbensymphonien der herrlichsten, weit öfter allerdings der häßlichsten Art das astrale und die atomisch noch feineren aurischen Gebilde.

Wie schon darauf hingewiesen, leuchten Emotionen und Gedanken in der ihnen entsprechenden Aura auf. Nach okkultistischer Version stellen Gedanken wie Gefühle feinstoffliche Schwingungen dar, die in Farbe und Form zum Ausdruck kommen.

Betrachten wir uns einmal die wichtigsten astralen und mentalen Farben, ohne hierbei auf Vollkommen-

heit Anspruch erheben zu wollen. Folgen wir in der
Hauptsache dem weit bekannten Theosophen *Leadbeater,* um zu sehen, wie dieser Farben als Anzeiger
menschlicher Vorzüge und Schwächen bewertet.

Schwarz

Haß und Bosheit herrschen vor, insbesonders wenn
„dichte schwarze Wolken den Astralleib" umhüllen.

Grau

Niedergeschlagenheit, die sich durch „schweres, bleifar-
benes Grau" bemerkbar macht, und *Furcht,* sich durch
häßliches Fahlgrau äußernd.

Zumeist lagert sich das Grau in parallelen Streifen
gitterartig um den ganzen Menschen.

Braun

Geiz, er trübt die Aura zu glanzlosem, fast rostfarbe-
nem Braun, das wiederum gleich Stäben eines Gitters
den Besitzbesessenen umkrallt. *Selbstsucht* verrät sich
als häßliches Braunrot, nicht selten als „glanzloses har-
tes Graubraun".

Eifersucht tritt als grünliches Braunrot, durchsetzt „von
dunkelroten und scharlachfarbenen Strahlen", zutage.

Grün

Am vieldeutigsten in seinen mannigfachen Schattierungen.

Anpassungsvermögen gepaart mit Schlauheit und Betrug ergibt ein trübes Grün.

Schlauheit und *Verrat* bilden ein Graugrün „von schwer zu beschreibender Färbung".

Rasches Anpassungsvermögen im Verein mit offenem, praktischem, kaufmännisch begabtem Sinn ergibt je nach Gesinnungsart ein mehr oder minder schönes Smaragdgrün.

Hilfsbereitschaft, Mitleid, Sympathie lassen die Aura in einem schönen, blaßen, leuchtenden Blaugrün erstrahlen.

Friedfertigkeit findet ihren Ausdruck in zartem Grün, *Überschuß an Lebenskraft* bisweilen in hellem Apfelgrün.

Rot

„In roten Farbnuancen durchziehen Gedanken, welche dem sinnlichen Leben entspringen, die Seelenwelt." (Rudolf Steiner) Rot ist die Farbe jeglicher Liebe wie die des Zornes.

Liebe im allgemeinen verursacht purpurrote Töne; ist sie sehr egoistisch ausgerichtet, so mischt sich Braun in die nunmehr glanzlose Färbung.

Sinnlichkeit leuchtet in der Aura auf als häßliches Blutrot;

innige, opferfreudige Liebe hingegen als liebliches Rosa. „In herrlichem Rosarot erstrahlt ein Gedanke, der aus hingebungsvoller Liebe stammt." (R. Steiner)

Geistige Liebe zur Menschheit mischt in das wundervolle Rosarot lilafarbene Töne.

Zorn im allgemeinen ist Scharlachrot, wobei zugleich dunkelrote Blitze auf schwarzem Hintergrund die Aura durchzucken.

Zorn gemischt mit großer Selbstsucht mengt Braun in die Röte der Blitze.

Gerechter Zorn, edle Entrüstung haben Blitze von lebhaftem Scharlachrot ohne häßlichen Hintergrund zur Folge.

Böswillige, selbstsüchtige Magie erzeugt „ultrarote Töne".

Gute Vitalität rötet ebenfalls stark die Aura.

Bei einer Beurteilung kommt es stets auf den Charakter des Farbtones an, ob dieser sympathisch oder abstoßend wirkt. So gilt zartes Rot u. a. immer als *Gefühlswärme*.

O r a n g e

Je nach Tönung. Bei *Ehrgeiz wie Stolz* ist das Orange dunkel, bei *Eitelkeit* getrübt. Bei *guter Lebenskraft* finden sich gleichfalls Orangetöne in der Aura.

B l a u

Echte Religiosität zeitigt schönes Dunkelblau, *höhere geistige Entwicklung* leuchtendes Blaulila, *Hingebung an ein hohes Ideal* Hellblau, mit Untertönen, die an Kobalt und Ultratöne erinnern.

Herrschen *edle Geistes-* und *Seelenkräfte* vor, so dominiert Ultraviolett im Aurabild.

Die *Gabe des Heilvermögens* färbt die Aura hellblau, *stille Geruhsamkeit* bringt einen matten Blauton hinein.

Frömmelei schleußt einen häßlichen Unterton in das Blau, *blinder Aberglaube* trübt es zu schmutzigem Graublau.

Gelb

Alle Gelbtöne stehen in enger Beziehung zu den Denkvorgängen. „In schönem hellen Gelb erscheint ein Gedanke, durch den der Denker zu einer höheren Erkenntnis aufsteigt." (R. Steiner)

Intelligenz, Vernunft geben der astralen, mehr noch der mentalen Aura einen hellen zitronen- bis schlüsselblumengelben Glanz. Letztgenannter Farbton zeigt sich vor allem bei spirituell veranlagten Naturen, deren Denkrichtung stark zum Transzendentalen tendiert.

Niedere Denkungsweise dunkelt merklich das Gelb und macht es glanzlos.

Als Zeichen *hohen Intellektes,* vornehmlich wenn er zum Spirituellen neigt, gilt Gelbansammlung über dem Kopf, umsomehr, wenn es innerhalb dieser Gloriole wie Gold aufleuchtet, Beweis hohen Entwicklungsgrades sowie selbstlosen spirituellen Denkens.

Bei geistig sehr hochstehenden Menschen bildet sich in der Mentalaura ein kronenförmiges Strahlungsgebilde, Ur- und Vorbild der goldenen (gelben!) Königskrone, ursprünglich nur den Weisesten, den Besten zugedacht. Ist doch überliefert, daß die Insignien des Herrschers — darunter der Purpurmantel, dessen Rot jenen auf wahre Menschenliebe weisenden astralen und mentalen Tönen ähnelt — noch aus Zeiten stammen, in der die Könige aus den Reihen der Initiierten hervorgegangen sind; was sich freilich in Kulturen zugetragen haben muß, von denen uns heute jede Kunde fehlt. Wie vertrüge es sich sonst mit der Tatsache, daß die Volksmassen zu allen historisch bekannten Zeiten noch in allen Landen von weltlich wie geistlich Gekrönten um die primitivsten Menschenrechte gebracht worden sind?

Viel wäre gewonnen, befänden die Okkultisten sich im Recht. Den aalglattesten Schurken entlarvte seine Aura, besäßen wir genügend solcher Hellseher von Format. Wahrlich eine schlimme Zeit bräche herein für Politiker und ähnliche Wölfe im Schafspelz.

Allein die Ausblicke reichen unendlich weiter noch. Nur die niedersten übersinnlichen Wesensteile des Menschen — sein Äther- und Astralleib — gründlich erforscht, naturwissenschaftlich exakt bewiesen wie die Existenz eines bisher nicht vermuteten Kontinents, müßte eine geistige Umwälzung nach sich ziehen, vor der Universitäten, Kirchen und Tempel ihre Tore nicht weiterhin verschlossen halten können.

Zunächst nützt es nur wenig, daß Theosophen, Spiritisten oder welcher Gruppe von Okkultisten sie sonst angehören mögen, an die metaphysische Natur des Menschen, an sein Verwobensein mit der Transzendenz inbrünstig glauben.

Glauben, Fürwahrhalten besagt nichts, ebensowenig ein vorsichtiges Ich-halte-es-für-möglich, Es-dünkt-mich-sehr-wahrscheinlich, Geltung hat nur ein Ich-bin-*überzeugt*-davon, aber auch nur dann, wenn die Worte folgen: Weil ich mir die Überzeugung verschafft habe, unwiderleglich, und dies nicht zum einen Male.

Sicherlich, auch die Okkultisten geben vor, Fakten in Fülle zu besitzen. Aber eben weil es Okkultisten sind, mißtraut man ihnen schon von vornherein. Und dies nicht ganz zu Unrecht bei dem vielen Spreu, das hier den Weizen verdeckt. Kritiklosigkeit, Schwärmerei, Geltungssucht, Frömmelei, ausartend in fanatisches Sektierertum feiern oftmals traurige Triumphe. Kein Wunder, wenn selbst positive Ergebnisse mit Mißtrauen hingenommen werden. Für eine wissenschaftliche Beweisführung, wie sie angestrebt werden muß, sind sie zumeist untauglich.

Nüchtern, sachlich, unbelastet von jeder religiösen Vorstellung muß vorerst Schritt um Schritt getan werden, nur so wird es dem Vertreter der Naturwissenschaft möglich zu folgen.

Vorbildlich haben diese Forderung drei Männer — wir nannten sie bereits — erfüllt und damit den Auftakt gegeben zu weiterem Forschen. Beschämend, daß deren Pionierarbeit so wenig Widerhall bisher gefunden hat. Längst hätte man die Ergebnisse ihrer Forschungen zum Ausgang weiterer Untersuchungen machen müssen. Vielleicht wäre die menschliche Natur schon manchen Geheimnisses entkleidet, womit der gesamten Menschheit sicherlich ein weitaus besserer Dienst erwiesen worden wäre als mit der Erschließung des Atoms und der verbrecherischen Nutzung von Gigantenkräften in den Händen ethisch Minderwertiger.

3. DIE FORSCHUNGEN DES FREIHERRN VON REICHENBACH

O D

Der österreichische Baron Dr. Carl von Reichenbach (1788—1869), gewiegter Chemiker, kann wahrlich nicht in einen Topf geworfen werden mit gutgläubigen Okkultisten. Er hätte sich dies sicher auch schwer verbeten, wollte er doch weiter nichts als die von ihm entdeckte „Dynamide" der Naturwissenschaft erschließen. Zwar hatte es der „Zauberer vom Kobenzl" nicht unter seiner Würde gehalten, zudem noch Tische tanzen zu lassen. Freilich glaubte er nicht an Geister, die diese bewegten. Fest stand für ihn, daß ein bisher unbekanntes Agens in der Platte kreise und auf den Tisch einwirke. Eben die von ihm entdeckte Dynamide, das O d, wie er das von seinen Sensitiven wahrgenommene Fluidum nannte.

Von der Existenz eines Lebensfluidums, vom Lebensmagnetismus, war bereits der Arzt und Philosoph *Franz Anton Mesmer* (1734—1815) überzeugt, und ein anderer Arzt, der in Weinsberg praktizierende Dichter *Justinus Kerner* (1786-1862) studierte die magnetischen Erscheinungen an seiner Patientin Friederike Hauffe, der durch ihn berühmt gewordenen Seherin von Prevorst. Daß Kerner von Reichenbach große Stücke hielt, beweist wohl das lebensgroße Gemälde des Freiherrn, das heute noch im Kernerhaus zu Weinsberg zu sehen ist.

Und ein dritter Arzt, Professor Dr. *Josef Ennemoser* (1787—1854), schrieb in dem ein Jahr vor seinem Tode erschienenen Buch „Der Magnetismus im Verhalten zur

Natur und Religion": „Der Magnetismus ist eine Tatsache, über allen Widerspruch erhaben ..."

Allerdings ist man sich in Okkultistenkreisen noch immer nicht einig, ob das Reichenbach'sche Od und der Animalmagnetismus, von dem Mesmer, Kerner, Ennemoser und andere sprechen, ein- und dieselbe Lebensdynamide darstellen oder ob es zwei verschiedene fluidische Faktoren sind. Nach dem um die Jahrhundertwende lebenden deutschen Psycho-Physiognomiker *Carl Huter* wäre letzteres der Fall. Huter nimmt sogar außer der odischen und magnetischen Strahlenhülle noch weitere Schwingungsfelder an.

Doch wenden wir uns nun den Reichenbach'schen Entdeckungen zu.

Odlicht

In absoluter Dunkelheit — Reichenbach benutzte für seine Versuche fensterlose, vor jeder Lichteinwirkung geschützte Räume — sahen sensitive Personen beiderlei Geschlechtes eigenartige Leuchtphänomene. Zunächst bildeten sich um die Hände der im Finstern Weilenden ein grauer Rauch. In der Folge glichen sie „einer auf schwachleuchtendem Grunde sich abzeichnende Silhouette", alsbald leuchteten „die Finger mit ihrem eigenen Lichte". Sodann wies jeder der Finger „eine leuchtende Verlängerung" auf, mitunter solang wie dieser selbst.

Schließlich strahlte der ganze Körper von Kopf bis zu den Füßen,

> die rechte Körperseite, inbegriffen Arm und Hand in *bläulichem* Schein,
> die linke *rot* oder *gelblich-rot.*

Bestimmte Körperstellen, wie Augen, Ohren, Brust (besonders bei Frauen), Geschlechtszentrum, leuchteten besonders kräftig.

Die Ausstrahlungen aus den Augen waren „viel glänzender" als diejenigen aus den Fingern. Aus den Nasenlöchern strömten leuchtende Säulen, selbst der Atemhauch leuchtete.

Zumeist erschien den Sensitiven die linke Körperseite im Vergleich zu der helleren rechten Körperhälfte merklich dunkler.

Hob Reichenbach den Arm, so sahen seine Sensitiven diesen blasser strahlen, erst als er ihn wieder senkte, wurde dessen Aura wiederum leuchtender; woraus der Forscher den Schluß ableitete:

„Das odische Licht wechselt also im Verhältnis der in den Adern enthaltenen Blutmenge". Weiters konstatierte er, daß der Gesundheitszustand abhängig ist „von dem Tätigkeitsgrad dieses Agens".

Nicht nur der Mensch — nahezu alles leuchtet

Reichenbach, selbst leider nicht sensitiv, ließ von seinen Versuchspersonen Tiere (Katzen, Vögel, Schmetterlinge), Blumen sowie anorganische Stoffe beobachten.

Zunächst bildete sich in der Finsternis eine graue Wolke um Tiere und Blumen, und schließlich leuchteten diese ebenso wie der menschliche Körper. Sehr glänzend waren die Zeugungsteile der Blumen. Auch Anorganisches zeigte die typische polare Färbung, namentlich Magnete und Kristalle.

Von Magnetstäben löste sich „eine leuchtende, brennende, rauchende und funkensprühende Flamme", blau am Nordpol, gelb-rot am Südpol.

Erhob man einen solchen Stab senkrecht, so bildete die jeweils in die Höhe strebende Odflamme an der Decke einen Lichtkreis bis zu drei Fuß mitunter.

Kristalle wirkten auf Sensitive wie die odische Strahlung des Menschen; der größte Einfluß ging vor allem „von den Kanten und Polen aus". Hier kulminiert die „formgebende Kraft". Das Od der Kristalle bezeichnet Reichenbach identisch „mit jenem, das den menschlichen Händen entströmt.

Od ist für ihn das formgebende Prinzip schlechthin, „Träger der Lebenskraft".

„Weltseele, Lebenskraft, tierische Elektrizität, magnetisches Fluid, Lebensmagnetismus, Anthropin, Od: das sind eben so viel Namen, um eine und dieselbe Sache zu bezeichnen", wozu sich noch die psychophysische Energie, die N-Strahlen Naum-Kotiks hinzugesellt.

Aber wie schon gesagt, noch bestehen Zweifel, ob wirklich die verschiedenen Namen Ausdruck für eine einzige Sache sind, zweifelsfrei jedoch dürften die Beobachtungen der Reichenbach'schen Versuchspersonen sein.

Od-Hauch

Die odische Lohe

Unendlicher Geduld bedarf es, das Odlicht zu schauen. Eine Stunde und länger muß oft die Versuchsperson in völliger Finsternis verharren, ehe die ersten Anzeichen der Leuchtphänomene sich einstellen. Der Stärkegrad der Sensitivität bestimmt die Wartezeit. Reichenbach unterschied zwischen Schwach-, Mittel- und Hochsensitiven.

Allein auch auf einfachere, weit weniger zeitraubende Weise war eine odische Ausstrahlung für gute Sensitive feststellbar.

Schon bei Tage, am günstigsten bei beginnender Dämmerung, ebensowohl bei Lampen- und Kerzenlicht, sahen Reichenbachs Versuchspersonen den „Fingerspitzen etwas Feines, Bewegliches, Farbloses" entströmen; einstimmig beschrieben als sich aufwärts bewegend und „etwa nach Süden hin geneigt, luftähnlich, lichtlos, und wohin man die Finger auch wenden mochte, ihnen folgend". Es ist „nicht Rauch, nicht Dunst, nicht Duft, es sieht aus wie eine feine Lohe, ähnlich, aber merklich zarter als aufsteigende erhitzte Luft". Aber nicht nur aus den Fingerspitzen, auch „aus den Zehen und allen anderen hervorragenden Teilen des lebenden Leibes, selbst aus den Ohrenhöhlen" strömt die Lohe. Desgleichen aus „Pflanzen, Kristallen und sogar unorganischen Substanzen, wie Magnete, endlich auch aus ganz amorphen Stoffen, wie Metallbarren, Quecksilber, Wasser etc.". Stark strahlen unter anderem Gipsspat, Turmalin, Diamant, Bergkristall. Selbst eine seit mehreren Tagen bestehende Schneedecke war auf der Oberfläche mit einem Loheschleier überzogen. Am kräftigsten strahlte eine fußhohe Schneedecke, auf die noch Schnee fiel.

Allen diesen Beobachtungen schenkte Reichenbach anfangs keine Aufmerksamkeit, weil es ihm unerklärlich war, daß einerseits, um das Odlicht wahrzunehmen, lange Dunkelsitzungen vonnöten sind, andererseits hingegen das Experiment so gut wie an keine Bedingungen geknüpft erscheint.

Allein es handelte sich hierbei um ein Mißverständnis seinerseits, wie er selbst einbekennt, „welches sich erst nach zwei Jahrzehnten" aufklärte.

„Nicht das Odlicht war es, was hier gesehen wurde, sondern eine Begleiterscheinung."

„Die Lohe ist nichts anderes als eine Art von Verladung ihres Prinzips auf das seine Ausflußquelle umgebende Medium, möglicherweise die Luft."

Überall ist das Od „mit den Lohen vergesellschaftet und zusammengehörig... die eine seiner mehrfachen Formen ausmachen".

Od und Erscheinungen der Lohe stehen also in innigem Zusammenhang.

„Das Od ist das Prinzip, von welchen alle die Loheerscheinungen ausgehen und diese stehen zu diesem in demselben Verhältnisse, in welchem die Lichterscheinungen zu ihm stehen. Loheströmungen am hellen Tage und Odlichtströmungen in absoluter Finsternis sind klärlich ein und derselbe Bewegungsakt, der aus den Tiefen des Odes hervorgeht; der erstere in der Form eines Einflusses, den er auf ein den Odträger umgebendes Medium, mutmaßlich die Luft, auszuüben scheint; der andere in Form einer Lichtemanation, die ebenfalls das Produkt einer Einwirkung auf ein umgebendes Medium, vielleicht auf die Luft, sein möchte. Sie fallen also zusammen in einer Veränderung, vielleicht Beladung, die sie in ihrem Medium ins Dasein rufen. Sie sind nicht das Od selbst, nicht das Bewegung erteilende Prinzip, nicht die Kraft, die sie beherrscht, sondern ein davon ausgehender Impuls auf die Materie in zwei naheliegenden Formen." (C. v. Reichenbach: „Die odische Lohe und einige Begleiterscheinungen als neuentdeckte Formen des odischen Prinzips in der Natur")

Die experimentelle Erforschung
der Lohe

Mannigfaltige, auch für andere nachprüfbare Versuche bestätigten die Existenz der odischen Lohe.

Bestes Experimentierfeld ist der Mensch selbst. Die erste Wahrnehmung gestatten die Finger, „sie ist die nächstliegende, die bequemste und ausgesprochenste". — „Aus aller Menschen Finger sprudelt reichliche Lohe, die stärker bei Männern, schwächer bei Frauen; höher bei Erwachsenen, Gesunden, Kräftigen; niederer bei Kindern, bei Alten, bei Kranken". — „Die Lohe von Fingerspitzen zeigte sich dichter als die von Kristallen und vom Magnet". Oft nehmen Sensitive letztere nicht wahr, sehen dennoch aber die menschlichen Odausstrahlungen.

Die Zehen verhalten sich wie die Finger.

Versuchsgestaltung

Am zweckmäßigsten ist es, wie der Forscher rät, vormittags nach einem „frugalen Frühstück", mit unbelastetem Magen demnach, zu experimentieren.

Außerdem soll man vorher *nicht im Sonnenlicht* verweilt haben, sonnenlos sei auch der Experimentierraum und nicht zu hell.

Der zu beobachtende Gegenstand befinde sich vor einem *dunklen Hintergrund*.

Polare Objekte (Magnete, Kristalle) berühre man nicht mit den Händen; am besten hänge man sie freischwebend auf.

Der Beobachter stehe dem Versuchsgegenstand nicht

zu nahe. Die individuelle Sehweite bestimme von Fall zu Fall die Entfernung. Zudem ist die Sicht beider Augen nicht die gleiche. In der Regel sieht das eine Auge die Lohe größer als das andere.

Auch fixiere man die odische Lohe nicht zu lange. Zeitweises Abschweifen auf andere Gegenstände entspannt und beruhigt die Augen.

Die Sehfähigkeit nimmt zu, sofern jemand hinter die sensitive Person tritt und unmittelbar deren Rücken mit der Brust berührt, dagegen verringert sich das Schauvermögen, stehen die Betreffenden Rücken an Rücken; zumeist erlischt es nach und nach ganz.

Am vorteilhaftesten entschieden ist der Stand mit der Brust am Rücken bei gleichzeitigem Anlegen der Arme an die des Beobachtenden und der Zehen an dessen Fersen.

Zu beachten bleibt ferner noch, daß nicht odausgebende Gegenstände in der Umgebung der Versuchsperson deren sensitives Sehvermögen beeinträchtigen. Als solche störende Objekte gelten: die negativen Zimmerwände, „positive größere Metallmassen, wie Zimmeröfen, große Spiegel, Eisengestelle und vor allem der Erdmagnetismus."

Alle diese Faktoren müssen neben der individuellen Stärke der Wahrnehmungsfähigkeit sowie der augenblicklichen Disposition der Sensitiven berücksichtigt werden.

Was die Lohe verstärkt

Bestimmte Vorgänge erhöhen die Lohestrahlung. *Schall* erzeugt eine „ausgiebige Lohequelle". Sehr stark zeigt sich dies bei Glocken, desgleichen bei Musikinstrumenten. „Schon eine einfache Stimmgabel, angeschlagen, hüllte sich in eine feine, duftige Wolke". Wichtiger Hinweis für jene, die sich mit Mantramistik oder sonst einer Form der Lautmagie befassen.

Reibung vermehrt ebenfalls den Lohestrahl. So trieb das Aneinanderreiben der Hände, Fingerspitzen oder Fingerknöchel die Lohe merklich in die Höhe. Daher wohl reiben instinktiv oft Magnetiseure vor und während der Heilbehandlung die Innenhandflächen aneinander.

Druck wie *Pressen* wirken in ähnlicher Weise. „Umfing man einen Arm mit den Fingern und *preßte* ihn von oben nach unten, Zoll um Zoll fortschreitend, so stark man es vermochte, so wuchs die Lohe stufenweise, vorn an den Fingern". Zum anderen verstärkt sich die am Ende eines einzölligen Glasrohres ausfließende Lohe je nach Druck mit Fingern oder Hand.

Wärme beeinflußt die Lohe günstig, Kälte dagegen verringert sie. „Winterlich *kalt gewordene* Finger zeigten sich nur schwach beloht, sobald aber im geheizten Zimmer die Finger sich erwärmten, stieg die Lohe auf die doppelte bis dreifache Länge."

Durch *Gehen erwärmt,* „stiegen die Düfte der Finger um das zwei- und dreifache".

Desgleichen verlängerte sich die Lohe bei *Erwärmung der Pole von Magneten.* Hufeisenmagnete — „aufrecht in der Parallele stehend mit nach oben gerichteten Polen, den positiven Schenkel nach West gerichtet" — ergaben eine schöne Lohestrahlung auf der positiven Seite, weniger indes auf der negativen.

Die *Einwirkung der Sonne* beschreibt Reichenbach wie folgt: „Hielt ich meine rechte Hand ins Sonnenlicht, so verdichtete und vergrößerte sich die Lohe auf meinen beschatteten linken Fingern auf die doppelte Größe; hielt ich dagegen die rechte Hand in den Schatten und brachte die linke ins Sonnenlicht, so wurde die Lohe auf meiner Rechten bis nahezu ans Verschwinden verkleinert." Jedenfalls verstärkt Sonnenschein die odischen Zustände der Körper und somit die Loheausströmung, wobei zu beachten bleibt, daß Sonnenstrahlen „vorzugsweise odnegativer Natur" sind und demzufolge unter anderem „loheverstärkend auf die negativen Erden" wirken.

Chemische Prozesse sind für die Größe der Lohe nicht minder von Bedeutung. „Schon ein Stückchen Zucker, ins Wasser gehängt, entwickelte während seiner Lösung reichliche Lohe."

Ebenso erzeugt der *Hauch* — der ja zum Teil auf chemische Tätigkeit der Lunge beruht — Lohe. Reichenbach empfiehlt, in eine unten zugeschmolzene Glasröhre zu blasen und den Hergang von einer sensitiven Person beobachten zu lassen.

Der *Atem* — aus Mund und Nase — vornehmlich an „sonnenwarmen Tagen", duftet stark aus, womit der durch die Atmung verbundene Prozeß bewiesen scheint und erneut bekräftigt, wie notwendig Atemexerzitien sind.

Geistige Getränke, in mäßigen Gaben genossen, steigerten die Lohe der Finger von 6 Linien bis zu 24 Linien. (Eine Linie etwa zweieinhalb Zentimeter)

Arme und *Hände mit nach oben gerichteten Fingern erhoben,* zeitigten eine Verlängerung der linken Fingerlohen, während jene der rechten Lohestrahlen sich verkürzte, hingegen war bei *herabhängenden Armen* und nach abwärts gerichteten Fingerspitzen die Lohe an

Reichenbachs Fingern der rechten Hand länger als an denen der linken.

Steigerung der Lebenskraft steigert zugleich die Kraft der odischen Lohe.

Auf das Doppelte schwoll diese an den Fingern an, sobald Reichenbach seinen rechten Arm „mit fast krampfhafter Anstrengung" ausstreckte.

Desgleichen vermehren *heftige Erregungen* die odische Ausströmung.

„Der reichste Born ist die *Lebenstätigkeit.*" Ein Sensitiver sah anfangs März in den Abendstunden Ahornbäume „in ihren Verzweigungen ganz eingehüllt in eine Art Wolke von Lohe, desgleichen gut verzweigte Schlehen- und Rosenbüsche, Syringen- und Wachholderstauden, Kirschbäume, Buchen und Eichen in einer Nebelwolke von Lohe".

Frischgepflügter Erdboden ist stark lohestrahlend. In diesem Zusammenhang sei auf eine alte okkulte Vorschrift verwiesen, derzufolge man sich im Frühling möglichst unbekleidet in eine frische Ackerfurche legen soll, um, tief atmend, die dem Boden entströmende Erdkraft in sich zu saugen.

„*Polarer Gegensatz*" wurde in der Hauptsache bei länglichen Gegenständen festgestellt. Stets strahlte bei diesen das negative Ende stärker als das positive. So betrug bei einer 5 Fuß (ein Fuß ca. 30 cm) langen Kristallsäule die Lohe am positiven Pol nur 36 Linien, bei einer Höhe von 78 Linien der negativen Polseite. Den Pluspol bildete die Basis, an der der Kristall angewachsen ist.

Noch eine andere Eigenart ergab sich hierbei. Die Lohe am negativen Pol war „immer kleiner, klarer, zarter, durchsichtiger, am positiven merkbar dumpfer, trüber, gedrängter, kühler".

Während also die Kristalle „ohne Ausnahme am positiven Pole mit kürzerer, am negativen Pole mit längerer Lohe besetzt" sind, trifft dies bei Magneten nicht zu. Genau das Gegenteil ist hier der Fall.

Himmelsrichtung, Erdmagnetismus spielen weiters eine Rolle. Eine Kristallsäule „in die Richtung des Meridians gebracht, den negativen Pol rechtssinnig nach Norden gekehrt", vermehrte die Ausströmung beider Pole.

Ein langer Eisendraht, frei im Meridian hängend, „zeigte am negativen, dem Erdpole (!) zugekehrten Ende 8, am entgegengesetzten positiven Ende 16 Linien Lohe". Interessantes ergaben Untersuchungen mit großen Magneten als man sie in die Richtung der Erdpole hielt.

Beiläufig sei hier noch erwähnt, daß Mesmer, ehe er der Strahlkraft seiner Hände vertraute, seine Patienten mittels starker Magnete behandelt hatte. Gleiches tat Justinus Kerner. Ein schwerer, nur mit beiden Händen zu bewältigender Hufeisenmagnet legt heute noch im Zimmer der Seherin im Kernerhaus zu Weinsberg davon Zeugnis ab.

Stehen im Meridian ist gleichfalls für die menschliche Lohe von Bedeutung. „Stand ein Sensitiver so im Meridian, daß die Hand auf seiner Nordseite sich befand oder umgekehrt, so zeigte sich in beiden Fällen die Lohe an den rechten Fingern größer als an den linken".

Nicht anders ist es mit der Zehenlohe. Jede Zehenlohe unterscheidet sich deutlich von der anderen.

Einige Praktiken noch zur Verstärkung der
odischen Lohe

Die *Brust* am *Rücken* der Versuchsperson, bei *gleichzeitigen Rückstrichen* mit beiden Händen von deren Kniekehlen *aufwärts zum Scheitel,* verstärkte den Lohestrahl bis zu zehn Linien.

Gleicherweise günstig erwies sich das *Anlegen der gleichnamigen Hand,* und zwar so, „daß die Fingerspitzen bis an das erste Fingergelenk der Hand der Sensitiven reichen". Bei einem solchen Versuch verlängerte sich die Lohe an Reichenbachs Hand um die Hälfte.

Noch besser gestaltet sich das Ergebnis, *vereinigen mehrere Personen ihre gleichnamigen Hände,* „indem sie die Finger dachziegelförmig übereinanderlegen". Mit jeder neu hinzugefügten Hand erhöhte sich die Lohe.

Bei Versuchen mit *ungleichnamigen* Händen verkürzte sich die Lohe.

Beide Hände *gleichnamig* auf die *Schenkel eines Hufmagneten* gelegt, steigerte ebenfalls die polaren Lohen; woraus Reichenbach die These ableitete: Gleichnamige Pole steigern die odischen Ladezustände.

Dieser Satz gilt für jeden odstrahlenden Körper. Durchweg vermehrten od-*negative* Objekte, wie Steinsalz, Antimon, metallisches Arsen, in die odnegative Rechte genommen, die Lohe der rechten Finger.

Beträchtlich hingegen *verringerte* sich der Lohestrahl, hielt die rechte Hand einen od-*positiven* Gegenstand, etwa Stabeisen oder trockenes Kohlehydrat. Natronmetall brachte die Lohe fast ganz zum verschwinden.

„Das Negative addiert also unmittelbar zur negativen Hand und ihrer Lohe, das Positive subtrahiert davon."

Wurden nun odnegative Objekte in die positive Linke gelegt und weiter die rechte Hand beobachtet, so stellte es sich alsbald heraus, daß jetzt diese Substanzen, darunter auch Schwefel und Selen, die Lohe der Rechten verkleinerten.

„In entsprechender Weise wirkten die positiven, sie vergrößerten die rechten Fingerlohen." — „Was alle diese Körper getan hatten, während sie in der rechten Hand lagen, dem widersprachen sie unbedingt, wenn sie sich in der linken befanden." — „Dehnte man die Versuche aus, daß man die linke Hand zur Beobachtung der Lohne verwandte, so erhielt man die nämlichen Ergebnisse, nur mit der Umkehr ihrer Wertzeichen."

Weiteres über das Verhalten der Lohe

Woraus sie besteht

Die Lohe zerfällt in zwei Hälften: in *Lohkern* und *äußere Hülle.* Ersterer ist „ziemlich gut abgegrenzt", jedoch „etwas trüber, grauer, dichter" als letztgenannte, von der er „wie ein größerer, lichterer, feinerer Duft" umgeben wird, was besonders deutlich an der Lohe des Magneten und der Finger zu beobachten ist.

Neigung der Lohe nach Süden

Leicht geneigt zeigt sich die Lohe in Richtung Süd. „Hob man nur beide Arme empor, die Finger nach oben, so wurde an den Ausströmungen, die nach oben gingen, eine schwache Beugung nach Mittag wahrgenommen." Wahrscheinlich, schlußfolgert Reichenbach, „ist die Beugung, welche alle Lohen nach Süd erleiden, nichts anderes als unmittelbare Wirkung der erdmagnetischen Strömungen von Norden her."

Bewegte Luft beeinflußt die Lohe

„Blies man hinein, so wich sie einen Augenblick wie eine gutbrennende Flamme zurück, stellte sich aber im Augenblick wieder her."

Wo die Lohe durchdringt, und wo nicht

Mauern, Kupfer-, Eisen-, Zinkblech, auch Papier und Pappe sind für sie kein Hindernis, wohl aber Glas.

Die Lohe läßt sich neutralisieren

So wurde bei Annäherung der rechten und linken Fingerspitzen festgestellt, daß die „positiven trüben Lohkerne, in negative klare Ströme eingeschlossen, sich in die Luft erhoben".

Die Lohströme verlaufen geradlinig

Voraussetzung jedoch ist, daß sie sich frei bewegen können, dann fließen sie stets geradeaus, und zwar „zunächst in der Direktion der Längsachsen der Körper".

„Ein horizontal liegender Gipskristall schleuderte von beiden Polen horizontal fortströmende Lohen aus; aber auf weniger als halbem Wege bogen sie sich auf und gelangten im Viertelkreise aufsteigend, wenn sie lange genug waren, zuletzt zu vertikaler Aufrichtung, wo sie sich dann in der Luft verloren."

Ein Verhalten, das auch bei waagrecht ausgestreckten Fingern zu beobachten war. „Ließ man die Hände frei hängen, so sahen die Sensitiven die Lohe aus den Fingerspitzen zuerst in die Richtung nach unten ausfließen, dann aber kehrten sie sogleich um und strömten neben denselben Fingern wieder aufwärts."

Dasselbe war der Fall bei einem nach unten gehaltenen Bleistift. „Das unbekannte Prinzip ging aus der Hand in den Bleistift, leitete sich durch ihn hindurch, wurde von der Spitze nach abwärts gestoßen und stülpte sich dann unverzüglich um, indem es am Schaft des Stieles wieder emporstieg."

Die Lohe bevorzugt spitze Enden

Ähnlich der Elektrizität strömt sie „vorzugsweise gern aus den spitzigen Vorragungen der Körper heraus". Dies bewies schon der einfache Versuch mit einem Messer, das man beim Griff in der Hand hielt, die Spitze nach außen gerichtet. Binnen kurzem verstärkte sich daran die Lohe.

Magier mögen hierbei wohl an das magische Schwert denken, dessen Spitze, auf den astralen Widersacher gerichtet, diesen kraft des von ihr ausgehenden energetischen Strahles lähmt.

Die Größe der geschauten Lohe ist relativ

Der Grad der Sensitivität bestimmt wie groß der Beschauer die Lohe erblickt. „Niedersensitive sehen die Fingerspitzen öfter 1 bis 2 Linien hoch beloht, während Mittelsensitive gleichzeitig dieselben 5 — 10 — 25 Linien hoch flackern sehen, ja Hochsensitive ihren Spuren mehrere Fuß weit folgen können."

Guten Sensitiven erscheint die sonst als farblos geschaute Lohe farbig

Schon Mittelsensitive sahen die negative Lohe „von bläulichem Stich ... auf der positiven wurden Spuren von rötlichem wahrgenommen".

Eine Hochsensitive„ sah eines abends, schon wenn der Tag sich neigte, die Lohe ihrer linken Hand (+) rötlich, die ihrer rechten (—) blau aufsteigen".

Der Mond mit dem rechten Auge (—) betrachtet, erscheint „klar, rein, gutbegrenzt, hellgelb", mit dem linken (+) hingegen „trübe, unrein, rötlichgelb".

Die Mundlohe wird unrein gesehen, „weil Blaugraues und Rötliches" in ihr enthalten ist, die Nasenlohe dagegen strahlt rein: links rötlich, rechts bläulich.

„Sogar die Haare werden duftend erkannt, jedes einzelne weißes Härchen sandte aus seiner Spitze einen feinen Strom von 3—4 Linien langer Lohe aus." Auch aus den Wimpern strömte Lohe aus.

Dies alles sehen bereits Mittelsensitive, Hochsensitive nahmen es noch „deutlicher, größer, fertiger, entwickelter" wahr, die Lohe der Finger bis zu 18 Zoll Länge, dazu farbig.

Die Lohe der Magnete ist „ebenso sichtbar am Tage wie bei Dämmerung und Feuerlicht".

Die Lohe steht in Beziehung zur Lebenstätigkeit

Wie Reichenbachs Forschungen ergaben, äußert sich die Odlohe auch im Wasser und anderen Flüssigkeiten.

1. Versuch
Drei gleich große Wassergläser werden gefüllt.
Die Linke hält ein Glas, die Rechte das andere, während das dritte unberührt stehen bleibt.
Die Gläser miteinander nach fünf Minuten verglichen ergeben:

48

Das Glas in der linken Hand loht rötlich-gelb, das in der rechten bläulich, und zwar 15 zu 18 Linien etwa; Blau demnach stärker.

2. Versuch

Gießt man zwei Gläser Wasser — die man solange in je einer Hand gehalten hat, bis der Sensitive deren verschieden farbige Lohen erblickte — in ein drittes Glas, so entsteht aus der bläulichen und rötlichen Lohe „eine schmutzig-grauliche".

3. Versuch

Die entblößte Hand wird bis zum Ellbogen ins Wasser getaucht, „die innere Handfläche nach oben gekehrt, rechtssinnig im Meridian, Hand gegen Nord".

Sodann Fingerspitzen daran reiben, „so daß alle an der Haut und den Poren anhängende Luft vollständig entfernt" wird.

Hierauf die „aufwärts gekehrten Fingerspitzen einige Minuten ruhig" halten.

Gute Sensitive sahen bei Tageslicht nach kurzer Zeit „eine Menge äußerst kleiner Pünktchen sich von den Fingerspitzen losmachen und im Zickzack mit Blitzesschnelle nach der Oberfläche des Wassers emporspringen".

Verschwanden mit der Zeit die Pünktchen, so erschien die Lohe, scheinbar über dem Wasser schwimmend, und zwar „entsprechend der Lohe, welche dieselben Finger in der Luft von sich geben".

Bessere Sensitive empfanden sogar die typische odische Kühle, sofern sie „die linke Fingerspitze über diese Aushauchungen" hielten. Die Linke im Wasser auf obgenannte Weise „prägte alles dieses etwas schwächer aus als die Rechte, übereinstimmend mit der schwächeren odischen Kraft jener überhaupt".

4. Versuch

Ähnliche Erscheinungen zeigten andere ins Wasser gelegte Odquellen — Bergkristalle, Gipsspat, Magnete, längliche Eisen- und Stahlstücke — wobei immer deren negativer Odpol nach Norden wies.

Von den Polen sprangen zahllose Lichtpünktchen auf und gingen in eine oberhalb der Wasserfläche lagernde sichtbare Lohe über; was Reichenbach zu der Feststellung veranlaßte, die Lohen seien demnach keine bloß anhängende Oberflächenerscheinung in der Luft, „sondern *sie gehen aus dem inneren der Materie hervor,* und wo die Medien flüssig und durchsichtig sind, wie Wasser und Alkohol, da wird es uns mittels sensitiver Augen zum Teil vergönnt, sie in ihren Bewegungen darin zu beobachten".

5. Versuch

Hände in Säuren oder Laugen.
Die Hände in *Säuren* (Essig) getaucht, *verkleinern* zwar die Lohe, *verdichten* diese jedoch *rechts. Lauge* (Kalilauge) hingegen *vergrößert* die Lohestrahlen bei *gleichzeitiger Verdichtung linkerseits.*

Reichenbachs Entdeckung von anderen Forschern bestätigt

„Der Zauberer von Kobenzl", wie Zeitgenossen den Freiherrn nannten, steht mit seiner Entdeckung keineswegs einsam auf weiter Flur. Andere Forscher, angeregt durch seine Forschungen, teils aus eigenem, kamen zu gleichen oder ähnlichen Resultaten.

Bereits in seiner 1813 erschienen „Geschichte des Magnetismus" machte *Deleuse* darauf aufmerksam, daß manche Sensitive ihren Magnetiseur von einem „leuchtenden und glänzenden Fluidum" umgeben sehen, das am stärksten dem Kopf und den Händen entströmt und das der Wille zu lenken vermag. Es überträgt sich auf Wasser, Lebensmittel und andere Substanzen und wird von den Sensitiven als angenehm im Geschmack empfunden.

Die Eigenschaft gewisser Somnambuler, die Ausstrahlung „von einigen Körpern, insbesondere vom Magnet, vom Gold, vom Silber" wahrzunehmen, beobachteten zwei Zeitgenossen Reichenbachs in Frankreich: *Dr. Despine* in Aix-les-Bains und *Dr. Charpignon* in Orleans.

Laut Bericht des Professor *Barett* an die Londoner „Gesellschaft für psychische Forschung" soll es dem Gelehrten gelungen sein, mit den Ausstrahlungen seiner Finger das Zifferblatt seiner Uhr so stark zu erhellen, daß sein Sensitiver in absolut Dunklem die Zeit unschwer abzulesen vermochte, ohne daß hierbei, wie Barett nachdrücklich versichert, Telepathie im Spiele war.

Ausgang des 19. Jahrhunderts waren es unter anderem Professor *Blandlot*, der Reichenbachs Od nachentdeckte und es nach dem Entdeckungsort Nancy N-Strahlen nannte, H. Durville, der Oberst *Albert de Rochas*, mit dem wir uns im nächsten Abschnitt ausführlich beschäftigen wollen, und der Charitèarzt *Dr. Luys*, der seinem Sensitiven einige für die Medizin wertvolle Beobachtungen verdankt.

So zeigten sich bei Paralytikern in der leuchtenden

Aura schwarze Punkte; bei Hysterikern war die rechte Körperseite violett gefärbt; fortschreitende Taubheit verriet sich durch stetes Abnehmen der leuchtenden Strahlung im Umkreis der Ohren; die Augenstrahlung währte nach Eintritt des Todes noch einige Stunden. Bei einem allerdings wenig schönem Experiment wurde festgestellt, daß bei geöffnetem Schädel eines noch lebenden Tieres, bis zu dessen endgültigem Verlöschen, der „rechte Gehirnlappen in einem schönen Blau, der linke in schönem Rot" leuchtete.

Übereinstimmend mit Reichenbach gaben die Versuchspersonen der verschiedenen Forscher als Hauptfarbe Blau und Rot an; nur zuweilen trat anstelle von Blau Violett, für Rot Gelb oder Grün.

Desgleichen wurde die Ausstrahlung von Magneten beobachtet, die, je nach Größe des Objektes und Wahrnehmungsfähigkeit des Sensitiven, zwischen zwanzig Zentimetern und fünf Metern schwankte. Den Einfluß, den oft kräftige Magnete auf sensitive Personen ausüben, hatte übrigens 1894 in New York *W. Hamond* erneut nachgewiesen. Er benützte einen starken Hufeisenmagneten, mit dem er seinem Sensitiven ohne dessen Wissen über den Nacken strich, der sogleich das Empfinden hatte, als führe jemand mit einem Brennglas darüber.

Dauer, Kraft, Farbintensität der Ausstrahlung hängen jeweils von der Versuchsperson — Rochas spricht von Somnambulen — und deren augenblicklichen Verfassung ab; so sah ein Sensitiver, der im gewöhnlichen Zustande keinerlei Ausstrahlungen zu sehen vermochte, diese sofort, nachdem man seine Augen magnetisch behandelt hatte.

Womit wir mit einer erweiterten Arbeitsweise bekannt werden: mit Magnetismus und Hypnose als das Schauvermögen unterstützende Faktoren.

Nach Albert de Rochas unterstützte ein bestimmter hypnotischer Zustand, von ihm „Zusammenhang" genannt, (ein Hypnosegrad, der dem tiefen Hypnoseschlaf vorangeht) die sensitive Sehkraft. Aber nur dieser „Zusammenhang" ermöglichte das Sehen der odischen Emanationen, wurde die Hypnose vertieft, so erlosch jegliche Wahrnehmungsfähigkeit für odische Phänomene.

Bei sehr empfindlichen Personen ließ sich der „Zusammenhang" mittels magnetischer Teilbehandlung an verschiedenen Organen (vorwiegend Magnetisieren der Augen) herbeiführen, indes der übrige Körper normal verblieb. Die so behandelten Augen sahen selbst bei vollem Lichte die Ausstrahlungen, woraus Rochas schloß: es scheine festzustehen, daß die Sensitiven das Fluid — wie er die odischen Emanationen schlechthin nannte — „auf dem Wege der Netzhaut" wahrnehmen.

Viele sahen die Fingerstrahlen, ohne sonderlich sensitiv zu sein. Für dieses leicht durchführbare Experiment gibt Rochas folgende Anweisung:

Man nähere die Fingerspitzen einander und entferne sie sodann, indem man die Hände links und rechts auseinanderzieht.

Das Ergebnis: Die Ausstrahlung löst sich in Form „eines leichten weißen Dampfes", der besser begabten Sensitiven leuchtend erscheint. Wichtigste Voraussetzung: dunkler Hintergrund und Hände im Halbdunkel.

Mitunter ändern die Sensitiven ihre Angaben. Anstelle von Blau nennen sie Rot und umgekehrt. Rochas, belehrt in 15jähriger Versuchsarbeit, setzt diese Anomalie auf Konto der Ermüdung oder sonstiger Indisposition; verantwortlich dafür macht er ferner den Tiefengrad der Hypnose oder den der magnetischen Beeinflussung. Desweiteren führt er den Umstand ins Treffen, daß möglicherweise „nicht alle dieselbe Strahlung wahrnehmen, von welchen mehrere polarisierte Systeme gleichzeitig vorhanden sein können, deren eines für die einen, ein anderes für die anderen sichtbar ist".

In vielem bestätigen die Forschungen Albert de Rochas diejenigen Carl v. Reichenbachs.

Nach Rochas äußert sich das Fluid in zwei Zuständen: *statisch,* in Form einer die Oberfläche der Haut bedeckende Flamme, *dynamisch,* den Sinnesorganen und Poren entstrahlend. Außerdem ist die Ausstrahlung abhängig von „der Form und Stellung des Körpers". Sie ähnelt sehr einer Flamme. Bei *runden* Körpern verteilt sie sich auf die *gesamte Oberfläche,* bei *länglichen* Objekten befindet sie sich an *beiden Enden,* und zwar „jedes von anderer Färbung". Die Ausstrahlung der Finger erfolgt als deren Verlängerung, die der Augen hat die Eigenart, falls der Magnetiseur bewußt seinen Willen darin konzentriert, wenn schon nicht größer, so doch *glänzender* zu werden.

Das odische Fluid, das sich, wie ja schon Reichenbach erkannt hat, nur sehr langsam in der Luft fortpflanzt (einige Meter in der Sekunde), ließ sich durch Schnüre weiterleiten, durchdrang Mauern und konnte sogar, wie Rochas nachwies, mittels eines Prisma aus Gips ähnlich dem Lichtstrahl abgeleitet werden.

Unerfindlich bleibt es nur, daß bei dieser großen Mannigfaltigkeit an Erfahrungen, die Reichenbach und andere Forscher im Laufe vieler Jahrzehnte sammelten, deren so bedeutenden Entdeckungen dennoch nahezu in

Vergessenheit geraten sind; noch dazu, wo es eigentlich keiner anspruchsvollen Apparate bedarf. Geeignete Kellerräume, die sich leicht lichtdicht abschließen lassen, müßten doch zu finden sein. Alles weitere ist dann Sache der Geduld: Stundenlanges Verweilen mit einer Anzahl hierfür Interessierter, bis sich ein Sensitiver meldet.

Mag wohl keinem so leicht das unwahrscheinliche Glück eines Reichenbachs zuteil werden, der von sich sagen konnte, an die „500 zu seinen Untersuchungen verwendet zu haben", und ebenso mühelos, wenn er gewollt hätte, „5000 gefunden haben würde", ganz jedoch dürften die Sensitiven in unserer übertechnisierten Zeit, in der „Wohlstand" auf Kosten anderer groß geschrieben wird, noch nicht ausgestorben sein. Vielleicht dürfte gerade eine Beschäftigung mit so subtilen Dingen, wie wir sie hier behandeln, zu einer richtigeren Bewertung des jetzt leider allgemein gängigen Lebensstiles führen.

Hoch an der Zeit wäre es jedenfalls, allerwegen den Spuren nachzugehen, die Reichenbach und seine Mitstreiter gewiesen haben.

4. DIE FORSCHUNGEN DES OBERSTEN ALBERT DE ROCHAS

AUSSCHEIDUNG DES EMPFINDUNGSVERMÖGENS

Mit der Erforschung des odischen Fluidums im Sinne Reichenbachs gab sich der Franzose de Rochas nicht zufrieden, ihm glückte noch ganz anderes: Versuche, die noch weitaus größere Perspektiven eröffneten, Entdeckkungen, die ihn direkt an die Magie heranführten, ihm empirisch bewiesen, daß den Praktiken alter Hexenmeister mehr als ein Körnchen Wahrheit zugrundelag. Schlagend bewiesen seine Experimente, daß dem Menschen Eigenschaften innewohnen, die ihn weit hinausheben über das Fünfsinnenwesen, für das er sich im allgemeinen hält.

Ohne jedwedes Narkotikum ist es Rochas gelungen, den Körper seiner Sensitiven nicht nur *empfindungslos* zu machen, sondern die *Empfindungsfähigkeit außerhalb der Physis zu verlegen.*

Eine staunenswerte Entdeckung, von anderen Forschern nachgeprüft und bestätigt.

Allerdings ist dieses Nach-außen-Verlegen der Empfindungssphäre keine Allgemeinerscheinung, die nach Gutdünken jederzeit und an jedem demonstriert werden kann, vielmehr handelt es sich um „ein sehr seltenes Phänomen, schon deshalb, weil es sich nur in einem Zustande der Hypnose kundgibt, den nur wenige Sensitive zu erreichen vermögen". Augenscheinlich ist diese

Fähigkeit, zumindest in dem gewünschten Grade, nur bei besonders dafür veranlagten Sensitiven vorhanden.

Wie der empfindungslose Zustand herbeigeführt wird

Geheimniskrämerisches Brimborium streng vermeidend, will Rochas nichts anderes sein als kühl beobachtender Experimentator, bestrebt, der Naturwissenschaft ein gelöstes Rätsel mehr darzubieten.

Nur Hypnose und Magnetismus sind vonnöten, wobei die Art des Zustandes sowie die individuelle Veranlagung des Somnambulen den Erfolg des Experimentes entscheiden. Betont sei noch: nur Tiefhypnose, in die durch Magnetisieren Rochas seine Sensitiven versetzte, ermöglichte in der Regel die Loslösung des Empfindungsvermögens vom Körper.

Eingeschläfert wurde die Versuchsperson hauptsächlich mittels langsamer Striche von „oberhalb des Kopfes bis zur Magengrube".

Mitunter führten Längsstriche über Arme und Beine den Schlaf herbei, wie ein anderer Forscher, *Jussien,* berichtet. Die so Behandelten verspürten oft ein Prickeln an der Hautoberfläche.

Zwei Phasen ergaben sich im allgemeinen. Nach den ersten Strichen erloschen das Empfindungsvermögen der Haut und der Geruch; später sodann verlegte sich das Tastempfinden nach außerhalb, in die körperliche Aura also.

Mit Hilfe „lokaler und entsprechend abgestufter Striche" wurde so bei einem Sensitiven die Hand in „den Zustand des Ausscheidungsvermögen" gebracht, in einen ähnlichen „überempfindlichen Zustand" wurden auch seine Augen versetzt.

Die Kenntnis gewisser Körperstellen — *hypnogene Punkte* — über die viele Sensitive verfügen, erleichterte oft wesentlich den Eintritt des magnetischen Schlafes. Mitunter genügt schon ein leichter Druck mit dem Finger auf einen solchen Punkt.

Über die Beschaffenheit der hypnogenen Punkte gibt Rochas wie folgt Aufschluß:

1. „Überempfindlichkeit an der Hautoberfläche".

2. Loslösen von Strömen durch diese Punkte selbst im Wachzustande, „die dem Gehirn die Empfindung mechanischer, an ihnen außerhalb der Haut ausgeübter Wirkungen übertragen".

3. Maxima und Minima der Empfindlichkeit sind in Schichten angeordnet, „ähnlich jenen, welche sich bei derselben Sensitiven auf der ganzen Körperoberfläche infolge magnetischer Striche entwickeln".

4. Mechanische Striche, der ‚Mumia' zugefügt (worauf wir noch zu sprechen kommen), strahlen mit Vorliebe auf diese Punkte zurück.

Wo die hierfür infrage kommenden Körperstellen sich befinden, erwähnt meines Wissens Rochas nicht, doch wissen Magnethopaten und Hypnotiseure zuweilen darüber Bescheid. Genannt werden vorwiegend:

Die Mitte der *Nasenwurzel* und der *Kinnspitze* sowie dicht unter dem Ohr das hintere Ende des *Kinnbakkenknochens.*

Weitere hypnogene Punkte sind außen am *Handwurzelknochen,* an den *Mittelhandknochen* zwischen dem kleinen und dem Ringfinger, zwischen Ring- und Mittelfinger und zwischen Daumen und Zeigefinger; auf der *Innenhandfläche* die Handtellermitte und besonders die Stelle unterhalb des Kleinfingers;

über dem *Ellbogengelenk* an der Innenseite des Oberarmes (Musikantenknochen) und dem *Oberarmschultergelenk* in Schlüsselbeinnähe;

an den Beinen die Mitte der *Kniekehlen* und außen seitwärts der *Kniegelenke,* an der *Innenseite der Oberschenkel* und seitlich innen der *Wadenbeine* über dem Fußansatz;

ferner die sogenannten Ischiaspunkte in der *Gesäßgegend* am unteren Rückenende.

Welcher der genannten Punkte nun im einzelnen Fall als *der* sensitive Punkt zu gelten hat, bestimmt die Erfahrung.

Erwähnenswert ist noch, daß bei der Mehrzahl der Sensitiven ein Aufseufzen den sich ändernden Grad der Hypnose anzeigte und daß es Rochas gelang, die Versuchsperson mit einigen magnetischen Strichen vor der Stirn ins Normalbewußtsein zurückzurufen.

Wie sich das verlagerte Empfindungsvermögen äußert

Sensitive sind mitunter ohne jederlei suggestiven Zuspruch fernempfindlich. Von „konvulsivischen Bewegungen und Zuckungen" wurde mancher befallen — wie Jussien berichtet — dem unversehens in einem halben Fuß Abstand am Rücken hin und her gestrichen wurde. Auch mir ist eine Dame bekannt, die sich wie eine Schlange wand, sobald ich ihr, etwa zwanzig Zentimeter entfernt, über den Rücken fuhr, ohne daß sie es merkte.

Als leichter „bald warmer, bald kalter Wind" wurde in einem anderen Falle die Bewegung der Finger bei einem Abstand von Daumenlänge verspürt. Wieder andere Sensitive versicherten, sie empfänden die Polarität der Magnete, und zwar jeden Pol anders. Und tatsächlich, wechselte man die Pole um, so fühlten sie diesen Hergang sofort, selbst dann, „wenn sich der Magnet in einem anderen Raum befand"! Eine Hysterische wiederum beklagte sich, man verletze sie, sofern man zu nahe an ihr vorbeigehe; als höchst unangenehm bezeichnete eine zweite das Reiben der „einige Zentimeter von ihr abstehenden Stoffe" an ihrer empfindlichen Schicht, von der sie natürlich keine Ahnung hatte.

Dr. Luys spricht hier von einer auf „natürliche Weise ausgeschiedenen Empfindungsfähigkeit". Was auch ein männlicher Sensitiver bestätigte, der an somnambulen Anfällen litt und in diesem abnormen Zustande von niemanden angefaßt werden durfte, „ohne bei ihm eine umso heftigere Krise hervorzurufen je unbekannter die Person ihm war, von der die Berührung stammte". Diese Hyperempfindlichkeit erstreckte sich sogar auf alle in seiner Umgebung befindlichen Gegenstände. Wurden sie angefaßt, verschlimmerte sich die Krise des Somnambulen.

Nebenbei sei bemerkt, derlei Erfahrungen machte man in französischen Krankenhäusern um die Jahrhundertwende. Die Sensitiven fanden Verständnis, weil es zum Glück Ärzte gab, vertraut mit den Erscheinungen des Magnetismus und Somnambulismus. Bei uns und wohl auch anderswo hätte man sie wahrscheinlich für verrückt erklärt und kurzerhand einer entsprechenden „Behandlung" unterzogen.

Doch nun zur experimentell herbeigeführten Exteriorisation, bei der Hypnose und Magnetismus als Geburtshelfer zur Seite stehen.

Mit beginnender Empfindungslosigkeit der Haut schien sich der diese sonst bedeckende leuchtende Flaum aufzulösen und den ganzen Körper zu umhüllen. Hellsehenden Sensitiven zufolge verdichtete er sich zu einem mehr oder minder glänzenden Nebel, der auf drei bis vier Zentimeter Abstand die Körperkonturen nachzeichnete. Womit sich die erste empfindliche Schicht gebildet hatte.

Fortgesetztes Magnetisieren ergab mehrere solcher empfindungsfähigen Schichten, die in doppelter, ungefähr sechs bis sieben Zentimeter Entfernung die erste sensitive Schicht umschlossen.

(Ganz ähnlich hat diesen Vorgang A. *Charpentier* in Nancy festgestellt. Die durchschnittliche Entfernung der ersten Schicht von der Haut betrug annähernd dreieinhalb Zentimeter.)

Im weiteren Verlaufe formten diese „konzentrierten Schichten zwei Intensitätsmaxima": Empfindungspole — wie sie Rochas nennt — die sich rechter- wie linkerseits der Versuchsperson gruppieren; ein Phänomen, das wir uns für unsere späteren Untersuchungen besonders gut merken wollen, handelt es sich doch hier um nichts geringeres als um die Spaltung, um die Loslösung des fluidalen Leibes vom physischen Körper.

Sensitive, die den Exteriorisationsvorgang bei den in Hypnose befindlichen Versuchspersonen beobachteten, schildern diese sich abzeichnenden Schichten als leuchtende, um den Körper sich lagernde Oberflächen. Bei heißblütigen weiblichen Somnambulen, die lebhafte Neigung für ihren Magnetiseur empfanden, neigten sich die Empfindungsschichten diesem zu als zöge er sie an.

Dem Anschein nach läßt sich die „Entfernung der Schichten willkürlich bestimmen", sofern man den Atemrhythmus wechselt; entscheidend jedoch ist der Gesundheitszustand der Somnambulen.

Während nun die Haut völlig empfindungslos ist, leiten indes die ausgeschiedenen Schichten — die sich bis zu zwei und drei Meter erstrecken können — den empfangenen Eindruck zum Gehirn weiter. Allein nur diese Schichten, der Zwischenraum, der sie voneinander trennt, ist empfindungslos gleich der Körperoberfläche.

Desweiteren vertritt Albert de Rochas die Auffassung:

Einerseits lagert das Fluid infolge Ausstrahlung der äußersten Enden der Hautnerven *statisch*, als „leuchtende Flamme" auf der Haut, andererseits strömt es im *dynamischen* Zustande als zentrifugaler Strom aus den „Endpunkten des Körpers", wie Finger, Zehen, Augen, Ohren u.s.w., desgleichen durch den Atemhauch.

Normales Hautempfinden und statischer Zustand bedingen augenscheinlich einander; denn sofort tritt eine neue Situation ein, sobald das leuchtende Fluid auf der Haut erlischt und sich zu Nebeln und Empfindungsschichten formt.

Hat sich die Ausscheidung des Empfindungsvermögens zur Gänze vollzogen, so kann man die sensitive Person unbeschadet stechen, zwicken, brennen, und sie wird von alledem nicht merken; nicht so gelassen aber bleibt sie, fügt man dasselbe Ungemach den fluidischen Schichten zu, und zwar wird sie den Schmerz immer an derjenigen Körperstelle registrieren, die mit der verletzten Fluidschicht korrespondiert.

Beobachtende Sensitive, die die empfindlichen Schichten als Licht wahrnahmen, sahen von der gestochenen Fluidalschicht einen Schimmer ausgehen, hin zum Körper, dort wo der Schmerz verspürt wurde. Operierte man zusätzlich mit Gegenständen (ein Verfahren, das im folgenden Abschnitt näher geschildert wird), dann wurde mitunter festgestellt, daß sich der Schimmer „von dem gestochenen Punkt zuerst zu dem empfindlich gemachten Objekt begibt und von hier aus zu jenem Punkt zurückkehrt, wo die Empfindung wahrgenommen wird".

Selbst eine dünne Scheidewand vermochte das Schmerzempfinden nicht zu unterbinden; genau wußten die Sensitiven an welcher Stelle ihrer Hand sich die Finger des Magnetiseurs näherten, nicht minder präzise fühlten sie es, zwickte man in entsprechender Weise anstatt ihrer Haut die Luft.

Jede Hand hat ihre nur ihr zugehörigen Empfindungsschichten und empfindet daher gesondert. Nicht empfindet die Rechte was der Linken zugedacht ist und umgekehrt. Nähern sich jedoch die Hände einander so, daß sich ihre Empfindungsschichten berühren oder ineinanderschieben, dann verspürt der Sensitive in beiden gleichzeitig, was man den einen oder den anderen Schichten getan hat.

Trotz geschlossener Augen wußten manche Sensitive genau den Punkt auf ihren Körper anzugeben, auf den sich in der Luft die Spitze eines Stiletts richtete.

Immer war der Radius des Fernempfindens abhängig vom augenblicklichen Befinden der Versuchsperson, der jeweiligen Körperregion, teils auch von der Tageszeit.

Dabei war Albert de Rochas nicht der einzige, dem die menschliche Natur so seltsame Dinge offenbarte. Die von ihm geschilderten Fakten waren, wie er selbst betont, „während mehr als zehn Jahren von einer großen Zahl von Experimentatoren in allen Ländern, wo man sich mit metaphysischen Untersuchungen beschäftigt, (anscheinend aber nicht in deutschen Landen! K. Sp.) als wahr befunden worden". So unter anderen weiß der Redakteur *Heinrich v. Parville* von einer in der Schweiz lebenden Italienerin, die in der Hypnose in einer Entfernung von drei Zentimetern gestochen und gebrannt wurde und mit verbundenen Augen präzise die entsprechende Stelle am Körper bezeichnete.

Übertragung der Empfindungsfähigkeit auf diverse Substanzen (Mumia)

Vielfältige Erfahrung diktierte Rochas nachstehenden Grundsatz:

„Wenn man während eines gewissen Zeitraumes neben der exteriorisierten Sensitiven eine Substanz stellt, welche geeignet ist, dieses Agens aufzusaugen, so wird sich die Substanz bis zur Grenze der ihr eigenen Fähigkeiten mit demselben laden."

Geeignete Substanzen hierzu sind vorwiegend solche, die Gerüche aufzuspeichern vermögen. Neben „Flüssigkeiten die zähen Körper, vor allem tierischen Ursprungs, Gelantine, Wachs, Watte, die Stoffe mit sammetartiger Struktur, sowie Wollsammet".

Womit Rochas sich auf das obskure, viel gelästerte, nicht weniger oft verlachte Gebiet der Sympathiemagie, vornehmlich des Bildzaubers, begeben hatte. Parallel mit der Ergründung des hyperästhesierten menschlichen Perisomas, der psychophysischen Energie der Aura, ging die Erprobung der Mumia; jener Odträger, Akkumulatoren der Lebenskraft, die in vergangenen Jahrhunderten in der Arzneikunde eines Paracelsus, Fludd, Maxwell u. a. eine so hervorragende Rolle spielten.

Mumia ist alles was sich mit Lebensgeist, mit odmagnetischem Fluidum aufladen läßt. Als Beförderungsmittel gilt jede mit Lebensfluidum getränkte Substanz, vornehmlich die Ausscheidungen von Mensch und Tier: Speichel, Urin, Milch, Blut, Sperma usw., desgleichen Atemhauch, Haare, Nägel, Zähne. Jede dieser Substanzen, gleichgültig ob auf natürlichem Wege ausgeschieden oder durch Krankheit oder beabsichtigte Manipulation, ist nach einem Ausspruch *van Hellmont's* „mit Lebensgeist durchtränkt und hat ein mit dem Körper gemeinsames Leben".

Der Rosenkreuzerarzt *Robert Fludd* wiederum spricht von der „Ausgießung der ‚Mumie oder der Geister‘, die im Blute herrschen", und vertritt damit wie so mancher seiner Zeitgenossen allen Ernstes die Ansicht, man könne die Mumie übertragen: auf ein Tier, einen Baum oder auf eine hierzu geeignete Pflanze. Von ihm ist uns noch ein Rezept erhalten geblieben, das dem Gichtkranken verrät, wie er seines Gebrestes ledig werden kann, wozu es nur einiger seiner Haare bedarf und eine Spur von seinen Fußnägeln, vielleicht noch eines Zusatzes von Fingernägeln, wofern Arme und Hände von der Gicht befallen sind. Das Ganze wird nun feinsäuberlich in das Loch eines bis an das Mark angebohrten Eichstammes geschüttet, danach die Öffnung mit einem Stöpsel aus dem Holz dieser Eiche fest verschlossen und mit Kuhmist verschmiert.

„Da Wasser für jeden Mumie ist", stellt nach Rochas der feuchte Umschlag oder Wickel deren einfachste und gebräuchlichste Form dar.

Versuche, bei denen Wasser zum Träger der empfindungsgeladenen Emanation gemacht wurde, erbrachten eindrucksvolle Fakten.

Eine Sensitive, die auf Geheiß Hand und Arm in ein Waschbecken legte, fühlte es sofort, wenn Rochas das Wasser berührte, selbst dann noch, nachdem sie den Arm aus der Schüssel genommen hatte.

Wasser ließ sich regelrecht aufladen. Ein höchst einfacher Vorgang. Man stellte ein gefülltes Glas eine zeitlang zwischen die Hände einer exteriorisierten Person. Aber es konnten auch deren zwei und mehr sein. So magnetisierte Rochas einmal Arm und Hand eines männlichen und einer weiblichen Sensitiven. Nach Eintritt der Exteriorisation brachte er je ein Glas Wasser in deren empfindliche Schicht und goß hernach aus jedem der empfindlich gewordenen Gläser einige Tropfen in ein drittes, neutrales Glas Wasser, worauf sofort — und zwar gleichzeitig — seine beiden Versuchspersonen mit einer „Art sehr heftigen elektrischen Erschütterung" reagierten.

Eine ander Sensitive, der ebenfalls ein Glas Wasser im Zustande des „Zusammenhangs" und der Exteriorisation in die Hand gegeben worden war, sprach auf das empfindlich gemachte Wasser noch auf einige Meter Entfernung an; allerdings verringerte sich die Wahrnehmung mit dem steigenden Abstand zwischen Glas und Person.

Einige Tropfen solchen Wassers ins Feuer gegossen, „erzeugte in der Hand (des exteriorisierten Sensitiven) ein Gefühl des Brennens".

Verzögert wurde die Reaktion der Versuchsperson, sofern sich jemand dazwischen schaltete. Nahm ein Versuchsteilnehmer das odisch geladene Glas in seine Linke und faßte mit der Rechten die linke Hand des Sensitiven und stach man nun in das Wasser, so verstrich der Bruchteil einer Sekunde, ehe dieser seinen Schmerz äußerte, eine Reaktion, die im gewöhnlichen Falle — also ohne Zwischenschaltung — augenblicks erfolgte. Eine Kette von zwei oder drei Personen, „die sich zwischen dem Sensitiven und dem Glase die Hände hielten", verzögerten noch mehr das Eintreten der Empfindung, und bis zu zwei Sekunden verstrichen, wenn die Kette fünf Personen zählte.

Brachte man das Glas anstelle der Hände in die Ausstrahlung des Ohres, so empfand die Versuchsperson ein leichtes Prickeln am Ohr, sprach man in einiger Entfernung von ihr in das Wasser.

Ähnlich akkumulierte sich das Geruchsempfinden. In einem auf diese Art empfindlich gemachten Glase wurden wohlriechende Blumen getaucht, und sofort wußte die nichtsahnende Versuchsperson im Zimmer nebenan, um welche Gattung von Blumen es sich handelte.

Kirschlorbeeressenz in sensibilisiertes Wasser getan, löste bei dem betreffenden Sensitiven religiöse Exstase aus, Baldrian weckte die Eigenschaften der Katzen.

Selbst *direkte Übertragung von Verletzungen auf den Körper* konnten beobachtet werden. Nadelstiche, empfindlich gemachtem Wasser zugefügt, wurden auf dem Arm einer Sensitiven sichtbar. Die Haut schien „leicht geritzt, mit einer kleinen schwach-blutigen Röte".

Einige sahen das präparierte Wasser anders als das gewöhnliche, nämlich *leuchtend*. Schon beim Anblick einfach magnetisierten Wassers rief eine Sensitive aus: „Ah, wie ist das hübsch, wie das glänzt, man glaubt, es sei phosphoreszierendes Wasser!" Das Wasser von mehreren magnetisiert erschien einem Somnambulen von „vielen Schichten verschiedener Schattierungen" umgeben, beruhend sicherlich auf die verschiedenen eingestrahlten Fluide.

Außerdem entdeckten Sensitive noch eine andere Art von Schichtenbildung, die in ihrer Anordnung große Ähnlichkeit aufwiesen mit jenen vom menschlichen Körper ausgeschiedenen. Bei Sensibilisierung eines Glases Wassers sah eine Versuchsperson den Inhalt immer leuchtender werden, später, als sich das Wasser mit dem Fluid gesättigt hatte, löste sich vom Glase „eine Art leuchtende Wolke" ab. Deutlich bildeten sich sodann um dasselbe mehrere strahlende Schichten.

Allein zu dieser Art Mumienbildung eignete sich nicht bloß Wasser, ein gebratener Apfel, mit der Ausstrahlung einer Somnambulen ohne deren Wissen aufgeladen, erwies sich nicht weniger empfänglich für „Stiche, Kneifen, Drücken, Brennen und Magnetisieren", wie das entsprechende Verhalten seitens der Versuchsperson bestätigte. Das solcherlei Attaken ausgesetzte Objekt befand sich selbstverständlich nicht im Gesichtskreis der Sensitiven.

In Ohnmacht fiel sogar eine Somnambule, als Rochas mit einem Dolch in tags zuvor empfindlich gemachtes kristallisiertes Hypersulfat stach.

Einige Blutstropfen, dem Daumen einer eingeschläferten Exteriorisierten entnommen und mit einem Taschentuch aufgefangen, übertrugen die Empfindung auf etwa ein Dutzend Meter.

Pflanzen sind gleichfalls aufnahmefähig für das empfindungsvermittelnde Agens der Sensitiven. Vermutlich scheinen auch sie von mehreren Schichten, empfindlichen wie unempfindlichen, umgeben zu sein. Wurde eine solche sensibilisierte Pflanze magnetisiert, so merkte dies nicht nur die Versuchsperson, sie unterschied sogar deutlich die Richtung der magnetischen Strichführung. Bei Strichen entgegen dem Saftstrom der Pflanze zeigte sie sich „völlig verstört", wohl hingegen fühlte sie sich, nahmen Strich wie Saft den gleichen Verlauf.

Von einer Somnambulen, die eben einen Myrtenzweig berührt und ihn auf diese Weise empfindungsträchtig gemacht hatte, wird erzählt, sie sei unmittelbar darauf in eine schmerzhafte Nervenkrise verfallen, als jemand ein Blatt davon brach. Ähnliche Vorfälle finden wir bereits Jahrzehnte früher in den Schriften von Justinus Kerner geschildert.

Bestens bekannt ist es ja dem Pendler, daß eng mit dem Körper in Berührung gewesene Bekleidungsstücke, Unterwäsche, Strümpfe, Schuhe, Handschuhe sowie Taschentücher und andere Gebrauchsgegenstände, mit dem Od des Trägers imprägniert sind; verständlich daher, wenn derlei Objekten, (die Mehrzahl der Sensitiven bestätigt es) eine Zeitlang noch das ausgeschiedene Empfindungsvermögen anhaftet. Am schnellsten beseitigte diesen Zustand bewegte Luft, indem man einfach daraufbließ. Bewegte Luft macht auch der Magnetiseur sich oft zunutze, wenn er mit kräftigen Handbewegungen das „Band" oder den Rapport, das verbindende Glied zwischen zwei in od-magnetischen Kontakt gebrachte Personen, zerreißt. Ebenso wirkt Wasser reinigend in solchen Fällen, nur wird es vorübergehend selbst sensibilisiert.

Ein Samtfauteuil, auf dem eine Sensitive eingeschläfert worden war, saugte gleichfalls deren Empfindungsfähigkeit an sich, wofür Rochas sofort den Beweis erbrachte. Nachdem die Versuchsperson ihren Sitz gewechselt hatte und woanders saß, stach er mit einem Dolch in den verlassenen Stuhl. Ein Schmerzensschrei war die Antwort.

Hierbei erinnere ich mich eines Tischrückversuches. Eine, wie es sich herausstellte, das Experiment ohne ihre Absicht behindernde Dame war aus der Kette ausgeschieden. Sogleich nahm der Versuch einen zufriedenstellenden Verlauf — nur durfte ich dem Stuhl, darauf die Dame gesessen hatte, nicht zu nahe kommen. Aus war es mit den Bewegungen des Tisches, streifte ihn mein Bein. Es dauerte eine Weile, bis wir der Sache auf die Spur kamen, denn der Kontakt mit dem Störenfried war ein rein zufälliger, da sich mein Platz neben ihm befand. Wissend um die sonderbare Fehlerquelle, wurde sie sofort ausgewertet. Und jedesmal, sobald ich die ominöse Sitzgelegenheit berührte, versagte der Tisch. Am schlimmsten war es, setzte ich mich darauf. Erst als ich, wieder darauf sitzend, das dem Stuhl anhaftende Od an mich zog und durch Entodung unwirksam machte, hörte er auf, Störungsfaktor zu sein.

Als Mumie eignet sich auch der Mensch, ja selbst sein Schatten. Für beide Behauptungen führt Rochas Beweise ins Treffen.

Ein wacher Sensitiver, der eine Weile beide Hände einer eingeschläferten Versuchsperson gehalten hatte, war dadurch mit deren Empfindungsfluid aufgeladen

70

worden. Stiche, ihm, dem Wachen, beigebracht, wurden von dem Schlafenden prompt verspürt.

Einem anderen Somnambulen suggerierte man, sein Schatten sei empfindungsfähig, und in der Tat, der Suggerierte reagierte auf die Stiche, die man der von ihm beschatteten Mauer versetzte, blieb aber unbewegt, bearbeitete man deren schattenlosen Teil.

Überhaupt war es mitunter von Vorteil, den Sensitiven zu suggerieren, ihr Empfindungsvermögen sei geschwunden und sei übergegangen auf einen bestimmten Gegenstand oder eine empfindlich gemachte Person. Selbstredend wurde die Mumie, um irgendwelche Beeinflussung zu vermeiden, nie mit Wissen der Versuchsperson dem Experiment unterzogen.

Rochas kam ferner zu der Überzeugung, daß im Umkreis hypnogener Punkte die Ausstrahlung intensiver ist. Ein als Mumia dienendes Objekt, in ein solches verstärktes Strahlungsfeld gebracht, steigerte und präzisierte zugleich die Übertragungsfähigkeit.

Betrachten wir uns nun den eigentlichen

Bildzauber.

Hinlänglich bekannt ist es ja, daß Rachsüchtige mancherart Wachsfiguren für ihr verwerfliches Tun benützten. Sorgsam waren sie dabei bestrebt, die Gesichtszüge des zu Bezaubernden möglichst naturgetreu nachzuahmen. Die Geschlechtsmerkmale fanden ihren Ausdruck durch entsprechend gewähltes Haupthaar, durch Bart oder Bartlosigkeit, durch mehr oder minder starke Betonung von Brust und Hüften. Nicht selten taufte man die Figur auf den Namen des Opfers, von dem ihm Haare, Nägel oder was sonst verfügbar einverleibt worden war. Obendrein ritzte man bisweilen magische Namen und Zeichen ein. Rituelle Beschwörung und Aussetzen der Puppe dem Mondlicht in bestimmten Nächten vervollständigten den Zauber.

Was immer nun der Puppe an Leides geschah — Stechen, Brennen, Schlagen, langsames Abschmelzen durch Halten über dem Feuer und mehr noch des Infernalischen — soll, Überlieferungen behaupten es, vom Behexten verspürt worden sein. Die Gesundheit wurde untergraben, oft sogar der Tod herbeigeführt.

Ammenmärchen, lacht der Heutige. Albert de Rochas war bald anderer Meinung, als er aufgrund der gemachten Erfahrungen zwangsläufig bei dieser verrufenen mittelalterlichen Praktik landete, nur daß ihn nicht verschmähte Liebe, Haß oder Rache dazutrieben, sondern einzig und allein wissenschaftlicher Forschungsdrang.

Zwecks Sensibilisierung wurde den exteriorisierten Somnambulen die Wachsfigur, der bisweilen Haare und Speichel des Betreffenden beigefügt waren, eine Zeitlang in die Hände gelegt.

Bald aber hatte der Forscher herausgefunden, nicht nur Modellierwachs, auch Glaserkitt, selbst Holz und mit Sammet überzogene Glasplatten eigneten sich hierfür vortrefflich und bestätigten damit zugleich die im Prinzip mögliche Verzauberung. Handlungen, vorgenommen an solchen mit menschlichem Fluidum geladenen Substanzen, übertrugen sich, dies stand zweifelsfrei fest. Stark sensitive Personen nahmen es am eigenen Leibe wahr. Schlagend demonstrierte dies Rochas unter Aufsicht kritischer Zeugen.

Sein Landsmann Durville desgleichen. Diesem gelang es, Mensch und Puppe aufeinander regional abzustimmen. Lud er das aus Modellierwachs verfertigte Abbild

seiner Sensitiven, indem er es senkrecht vor das lebende
Original stellte, und stach hernach in den Kopf der Puppe, so wurde dies sofort mit Unbehagen am Oberkörper
beantwortet; stach er hingegen in die Füße der Puppe,
so verlagerte sich das Unbehagen in den Unterkörper
seiner Versuchsperson. Wurde jedoch die Puppe umgekehrt geladen — Puppenkopf gegen die Füße der Sensitiven gerichtet — so reagierte diese genau umgekehrt.

Daß eine Unterteilung beziehungsweise Abgrenzung
der körperlichen Empfindungsregionen unter Umständen möglich ist, hat übrigens Dr. *Baraduc* im Verein mit
Rochas auch auf anderem Wege bewiesen. Baraduc übertrug die Lebenskraft — oder wie er sie nannte: psychische Vitalität — von einer weiblichen Versuchsperson
auf eine männliche. Jede von ihnen befand sich im Zustand des Zusammenhangs und in einem gesonderten
Zimmer. Als Übertragungsmittel fungierten drei mit
klarem Wasser gefüllte Flaschen, wovon jede für eine
andere Körperzone bestimmt war: für Stirn-, Brust und
Zeugungsregion. Der Vorgang selbst war höchst einfach:
Die Somnambule hielt mit beiden Händen die Flaschen
auf das gewünschte Zentrum, ihr Versuchspartner leerte
diese sodann oder man stellte sie ihm der Reihe nach auf
die drei vorgenannten Zentren. Die Reaktion war offen-
kundig. Jede der mit einem besonderen Körperfluid
geladene Flasche erzeugte in dem Somnambulen ein dem
jeweiligen Körperzentrum spezifisches Empfinden.

Doch zurück zum Bildzauber. Durville schnitt seiner
in Trance befindlichen Sensitiven einige Nackenhaare
ab und befestigte dieselben hinten am Kopfe der sen-
sibilisierten Wachspuppe. Nachdem er die Schlafende
geweckt hatte, riß er die Puppe an den Haaren. Sofort
fragte die Ahnungslose, obgleich sich der Hergang au-

ßerhalb ihrer Sehweite vollzog, wer sie rückwärts an den Haaren zöge.

Im allgemeinen übertrug sich die Empfindung lediglich auf eine Entfernung von fünf bis sechs Metern. De Rochas weiß allerdings von einem Fall, wo eine Somnambule es zuhause noch verspürte, als man fernab an ihren abgeschnittenen Haaren zog.

Wozu aber die Arbeit mit Modellierwachs und unzeitgemäßen Zauberpüppchen? scheint Rochas sich später gefragt zu haben. Als moderner Mensch hatte er nach einem gesellschaftsfähigeren Mitarbeiter Ausschau gehalten und diesen in der damals noch jungen Kunst der Fotografie gefunden. Anstelle der nach finsterem Mittelalter riechenden Wachspuppe trat nunmehr die empfindlich gemachte Fotoplatte. Damit wurde Albert de Rochas gewissermaßen zum Erfinder der fotografischen Behexung.

Durch einfaches Zwischen-den-Händen-Halten und langsames Vorbeiführen an dem Körper luden die Versuchspersonen die Platten mit der fluidischen Ausstrahlung.

Die sensitive Person empfindet das der Platte Zugefügte genauso wie ehedem mit der Wachspuppe. Eine Sensitive reagierte prompt auf die Nadelstiche, die die sensibilisierte Brom-Gelatineschicht ihres Konterfei zu erleiden hatte. Noch wunderbarer aber: die Hand zeigte „zwei kleine rote Striche", ganz in Übereinstimmung mit den Stichen auf der Fotoplatte.

Kälte befiel eine Somnambule und übel wurde ihr zugleich, als man im Stockwerk darüber, etwa zehn Meter von ihr entfernt, die von ihr empfindlich gemachte Platte im kalten Wasser hin und herschwenkte.

Ähnliches widerfuhr einer anderen Somnambulen.

Sie empfand sofort die „Frische des Wassers", als man unbemerkt von ihr in ihrer Nähe die Platte ins Wasserbad tauchte. Auch ihr verursachte das Umrühren darin erhebliches Unbehagen, wie übrigens sehr vielen Sensitiven übel wird, wenn man in dem von ihrem Fluid getränkten Wasser herumhantiert.

Wieder eine andere Versuchsperson nahm nur wahr, was ihr Experimentator, Rochas, an der Platte vornahm, nicht aber, was der Fotograf mit dieser anstellte. Eine weitere registrierte den Verlauf der Prozedur einzig in ihrem hypnogenen Punkt, dem Sonnengeflecht.

Höchst interessant war auch folgender Versuch: Mit seiner Rechten schläferte Rochas eine Frau ein und lud darauf mit der gleichen Hand eine Gelantineplatte mit seinem Fluidum, während er eine zweite Platte mit der Ausstrahlung der Exteriorisierten sensibilisierte. Wobei er schlußfolgerte: Beide Platten miteinander eng in Berührung gebracht, müßten eigentlich im Bewußtsein der erweckten Sensitiven einem dem Einschläferungsakt analogen Zustand hervorrufen. Seine Annahme bestätigte sich vollauf. Als später, gedeckt durch einen Wandschirm, der Fotograf die Vorderseite beider Platten aufeinandergab, wovon die davor Sitzende, nunmehr wach, nichts wußte, „hörte diese auf zu sprechen und schlief fast plötzlich ein".

Obige Beispiele dürften zur Genüge erweisen, daß es Albert de Rochas und seinen Mitstreitern gelungen ist, hinreichende Beweise zu erbringen, die zu dem Schluß vollauf berechtigen:

Die das menschliche Empfindungsvermögen weiter leitenden Emanationen übertragen sich nicht nur auf diverse Substanzen und Organismen, wie Wasser, Tiere, Pflanzen, sie spielen desweiteren eine bedeutende Rolle beim Bildzauber, dem der Forscher noch die Fotoplatte hinzufügte.

Die magische Natur des Menschen, dieserweise empirisch belegt, kann somit nicht mehr angezweifelt werden. Sie bedarf lediglich weiterer Bestätigung durch immer neue Experimente. Nur müssen die Forscher, um nicht Opfer übertriebener Erwartungen zu werden, allezeit die Worte de Rochas sich ins Gedächtnis rufen:

Nicht mit Allgemeinerscheinungen haben wir es hier zu tun, sondern mit Ausnahmefällen, die aber deswegen nicht weniger Licht auf die Nachtseite unseres Wesens werfen.

5. DIE FORSCHUNGEN
HECTOR DURVILLE'S

DER FLUIDALKÖRPER DES
LEBENDEN MENSCHEN

Naturwissenschaftlich exakt bewies Albert de Rochas, daß sich die menschlichen „Empfindungskräfte" durch fortgesetztes Magnetisieren schichtweise nach außen verlegen lassen, um im weiteren Verlauf beiderseits des Körpers „gleichartige Zonen" zu bilden.

Solange die empfindungsfähigen Schichten den Leib umschließen, haben wir es mit der *Exteriorisation* zu tun, mit dem *Nach-außen-Verlegen des menschlichen Empfindungsvermögens,* wie im vorhergehenden Abschnitt aufgezeigt.

Mit Bildung der oben erwähnten gleichartigen Zonen jedoch nimmt ein anderes, weit eindrucksvolleres Phänomen seinen Anfang, eine Erscheinungsform, die, einmal offiziel anerkannt, revolutionierender wirken wird auf unser Denken, auf unsere Weltanschauung, als eine Landung auf einem himmelsfernen Weltenkörper; haben wir doch nichts geringeres vor uns als den Vorgang der *Spaltung,* der *Bilokation, der* Verdoppelung, mit einem Wort, den *Austritt des fluidalen Teiles unserer Gesamtwesenheit.*

Wie Rochas entdeckte und Durville in zahlreichen Versuchen bestätigt fand, vereinigten sich im tieferen Stadium des Somnambulismus die gleichartigen Zonen beiderseits des Körpers zu einem vollständigen fluidalen

Doppelkörper und zwar stets auf der linken Körperseite.

Der Bilokation, der Abspaltung des fluidischen Prinzips vom grobstofflichen Leibe, widmete Hector Durville seine ganze Aufmerksamkeit.

Der Spaltungsvorgang

Durville gelangte bei seinen Forschungen zu Erfahrungen, aus denen sich ein gesetzmäßiger Ablauf der Bilokation feststellen ließ, was die Arbeit bei späteren Versuchen wesentlich erleichterte.

Bald galten als die besten Versuchsbedingungen eine verhältnismäßig hohe Zimmertemperatur, im Winter nie unter 19 bis 20 Grad, nicht zu hoher Luftdruck, nicht zu feuchte, keinesfalls aber mit Elektrizität überladene Atmosphäre; denn bei Kälte erschlafft das Medium, wodurch sich die Bildung des Fluidals verzögert, und Gewitter und starker Luftdruck, zumal bei gleichzeitiger Feuchtigkeit, beeinträchtigen die Verdichtung des Fluidals und machen physikalische Teste beinahe unmöglich.

Notwendig desweiteren ist, wenn schon nicht absolute so doch relative Dunkelheit. Licht löst den Fluidal auf. Schädlich sind ihm auch Geräusche, daher sei der Versuchsraum ruhig und weitgehend lärmgeschützt.

Als manifestationsfördernd erwies sich die Benützung immer desselben Experimentierraumes. Beste Versuchszeit nach Durville sind die Stunden zwischen 15 und 23 Uhr, wogegen Reichenbach auch noch die folgende Zeit bis gegen fünf Uhr morgens für Leuchtphänomene für günstig erachtet.

Begreiflicherweise kommt es bei alledem sehr auf die am Versuch teilnehmenden Personen an. Jeder Neuankömmling wirkt vorerst hemmend. Zwei Gattungen von Zuschauern wie Experimentatoren wirken besonders störend auf die Bildung des Fluidals: einerseits eigenwillige, dickköpfige, hyperkritische Persönlichkeiten, weil sie zu stark negativ strahlen; andererseits solche sensitiv Veranlagten, die sich durch große Sympathie mit dem dedoublierten Medium verbunden fühlen, wodurch sie den ausgeschiedenen Fluidalleib stark an sich ziehen, so daß sich derselbe nicht hinreichend verdichten kann. Kaum zurückgerufen, strebt er erneut dem Objekt seiner Anziehung zu. Sehr behindern auch das Medium stark sinnliche Personen.

Unsympathischer Einfluß oder gar Schreck führten nicht selten zu Ohnmachtsanfällen, die zuweilen Krämpfe und Steifheit zur Folge hatten. Langes Magnetisieren, bis zu dreiviertel Stunden mitunter, tat oft not. Manchmal dauerte die Steifheit noch Tage.

Betont sei noch, daß der physische Leib sich während des Zustandes der Exteriorisation und gar erst während des Spaltungsvorganges nicht in normaler Verfassung befindet. Bewußtlosigkeit, hervorgerufen durch magnetischen Schlaf, Trance, natürlichen Somnambulismus, Ohnmacht oder Delirium, ist Voraussetzung jedes gewollten oder spontanen Austritts des Fluidals.

Hellsehende Sensitive kontrollierten den Verlauf der Spaltung. Dieser läßt sich wie folgt aufgliedern:

1. Die Empfindungssphäre erweitert sich über die Körperperipherie hinaus. Ist dies eingetreten, so kehrt das Normalbewußtsein, das zuvor bei Eintritt des Somnambulismus verloren ging, wieder zurück.

„Diese empfindliche Zone erstreckt sich bis zu drei Meter" und wird bei fortgesetztem Magnetisieren immer dichter.

2. Anschließend teilt sich diese Zone und „lokalisiert sich nach beiden Seiten des Körpers". Sie wird geschildert als weißlich oder graulich, mitunter auch irisierend.

Der Abstand dieser Verdichtungszentren ist nicht bei jedem gleich, je nach Medium schwankt er zwischen 20 und 80 cm.

Die zwei sich bildenden „fluidischen Säulen" von unbestimmten Umrissen konnten bei allen Versuchen beobachtet werden.

3. Bei fortgesetztem Magnetisieren strebte die *rechte Säule der linken zu,* wobei sie den kürzesten Weg, meist hinter dem Medium, nahm, um ungefähr an der Stelle der linken Säule mit dieser sich zu vereinen zum eigentlichen *Fluidal.*

Ein Vorgang, der bei allen dedoublierten Versuchspersonen konstatiert wurde. Wir kommen darauf noch gesondert zurück.

4. Der Fluidal gleicht zunächst „einer verschwommenen Masse wie eine Dampfwolke", merklich größer als die Versuchsperson.

Wurde weiter magnetisiert, so verdichtete sich der Fluidal, dabei kleiner und leuchtender werdend, und nahm allmählich menschliche Gestalt an, um voll verdichtet endlich zum „fluidischen Doppelkörper" zu werden.

Dieser Doppelkörper „steht immer links, manchmal auch ein wenig *vor* dem Medium".

Seine oberen Konturen sind besonders ausgeprägt und viel lebendiger auch als die unteren, wobei er immer leuchtender wird.

Schwachsensitive sehen daher meist nur den oberen Teil des Fluidal, den sie oft als überlebensgroß wahrnehmen.

5. „Bei einem gewissen Grad der Verdichtung beginnt der Fluidal alle Bewegungen des Leibes mitzumachen."

Sitzt das in Somnambulismus befindliche Medium, so setzt sich auch der ausgetretene Fluidalkörper in einen Stuhl. Er gleicht in seinem Verhalten der Physis gegenüber demjenigen des Schattens.

Hob Durville den Arm des Mediums, so sah dieses sofort den sich hebenden Fluidalarm. Bedeckte er jedoch mit einem Taschentuch die Hand der Versuchsperson, dann wurde der Arm des Fluidals ohne Hand gesehen, nicht aber, wenn besagtes Taschentuch zuvor an dem Platz gelegen hatte, auf dem der Fluidal weilte. Dadurch wurde es gewissermaßen transparent.

6. Mit zunehmender Verdichtung des ausgeschiedenen Fluidals nimmt die Vitalität des Mediums zusehend ab; die Muskelkraft schwindet, der Blick erlöscht, Puls und Atem sind kaum noch merkbar, die äußere Körpertemperatur sinkt erheblich. Nur schwer ist das Medium nachher aus seiner tiefen Lethargie zu

erwecken, dies umsomehr, wenn der Fluidal bemüht ist, sich besonders stark zu manifestieren.

7. Ist — durch ständiges Magnetisieren der Versuchsperson — der Fluidal höchstmöglich verdichtet, dann vermag er sich ohne weiteres von dieser zu entfernen. Damit hören zugleich die das Medium nachahmenden Bewegungen auf und werden völlig eigenständig. Auch das Gesicht „nimmt oft einen von dem Medium verschiedenen Ausdruck an".

In diesem Stadium ist der Fluidal befähigt, selbstständig zu handeln. Voraussetzung aber hierfür sind:

a) „entsprechender Kraftüberschuß" und

b) daß er geneigt ist, es auszuführen;

denn nunmehr ist er zum „ausschließlichen Bewußtseinssitz" geworden. *„Denken, Wollen, Urteilen haben sich vom Medium in ihn verlagert."*

8. Die Bewegungen des selbständig agierenden Fluidal sind vorerst schwerfällig und höchst ungeschickt. Selbst durch weit geöffnete Türen kommt er nur schwer hindurch. Oft stößt er sich an, was der Versuchsperson schmerzhafte Püffe einbringt. Umso erstaunlicher daher, daß die Fluidals aller Medien ungehindert durch feste Mauern hindurch konnten.

9. Unentwegt ist der Fluidal in Bewegung. Es bedarf daher eines Spielraumes von 30—40 cm linkerseits des Mediums, andernfalls er sich stößt, was von der Versuchsperson als Schmerz empfunden wird und worunter sie mitunter tagelang zu leiden hat. Selbst

Hautabschürfungen stellten sich ein, wofern der Fluidal sich irgendwo gestoßen hatte.

10. Der Fluidal geht nicht, er „schwebt über den Boden". Bei einem der Medien schwebte er senkrecht zur Decke, stieß aber dabei den Kopf sich an; von der Dedoublierten schmerzhaft empfunden.

Ein nasses Tuch konnte der Spaltungsleib nicht durchdringen. Dieser Versuch war auch dem Befinden des Mediums abträglich.

11. „Der Fluidal besitzt alle Fähigkeiten des Individuums im Normalzustande..." und weit größere noch. Einmal selbständig geworden, verfügt er über vollen Willensentscheid, gehorcht dennoch aber zumeist dem Willen des Experimentators oder dem seines Besitzers, jedoch nicht ausschließlich; er kann, wenn er will, auch anders.

12. „Der Fluidal strahlt aus allen Teilen des Leibes Effluvien aus." Deutlich vor allem ersichtlich an Stirn, Scheitel, Sonnengeflecht und Milz; alles Stellen, an denen nach Ansicht von Yogaanhängern und Esoterikern sich die Kraftwirbel des Ätherkörpers, die Chakras, befinden.

Diese Strahlung wird anfangs von den Medien als störend empfunden. Bei weiteren Sitzungen verliert sie sich jedoch.

13. Sensitive widersprechen der Ansicht einiger Okkultisten, so der Auffassung von Papus, derzufolge das Fluidum aus der Milz entströme und sich im Ver-

lauf des Spaltungsprozesses im Rücken wie linkerseits des Mediums zu einer Phantomgestalt forme, vielmehr behaupten sie, die Exteriorisation vollziehe sich nach „allen Seiten zugleich, und zwar am stärksten an den oberen Körperteilen, rechts beginnend".

14. Zufuhr an Kraft findet statt einerseits durch fortwährendes Magnetisieren der Versuchsperson, zum anderen nimmt der Fluidal ständig „aus der ihn umgebenden Atmosphäre" ein ihn stärkendes Agens auf. Durville verweist hier sehr richtig auf die Seherin von Prevorst, die gleichfalls aus der Luft eine sie belebende Kraft an sich sog.

Besonders stark muß diese Zufuhr bei physikalischen Testen des Fluidals sein.

15. Zunächst nimmt fast immer der Fluidal an Umfang zu, wobei die oberen Partien stärker leuchten, späterhin zieht er sich zusammen und wird mit zunehmender Dichte nicht nur kleiner, sondern auch undurchsichtiger.

„Die Veränderungen beginnen immer am Kopfe", zuweilen sogar sehr stark.

16. Ein *fluidisches Band* verbindet Physis und Fluidal. Bei Beginn der Spaltung ist es sehr dick, verringert sich aber später bis zur Kleinfingerstärke; allerdings ist dies individuell verschieden. Mitunter hat es Zylindergestalt, dann wiederum gleicht es in seiner flachen Form tatsächlich einem Bande. Oft ist es an seiner Austrittstelle größer.

Hellseherinnen sahen innerhalb des fluidischen Bandes ausgeprägt zwei Ströme zirkulieren, die nebeneinanderlaufen, und dies in entgegengesetzter Richtung.

Von der Physis her wird dem Fluidal „Lebenskraft und Bewegungsfähigkeit" zugeführt, und vom Fluidal hin zur Physis übermittelt ein noch feinerer, leuchtenderer Strom „Eindrücke und Empfindungen". Der Strom vom Leib zum Fluidal läuft unterhalb des anscheinend leichteren, vom Fluidal herkommenden.

Noch ehe die Vereinigung der beiden Fluidalhälften zustandekommt, ist die linke bereits durch dieses Band mit dem Körper verbunden. Sodann tritt die rechte Hälfte, vorübergehend ihre Gestalt verlierend, ein in das Band, um wieder auszutreten als „ergänzende Hälfte des linken fluidischen Teiles". Dies ist die Geburt des Fluidals, ein Prozeß von einigen Minuten, der bei versierten Medium auf wenige Sekunden zusammenschmilzt.

17. Durch vorsichtiges Abtasten läßt sich das fluidale Band ermitteln, was Rochas übrigens auch mit dem Fluidalleib gelungen ist, indem er mit der Hand die mutmaßliche Stelle absuchte, worauf die Dedoublierte sinngemäß reagierte. Schon weniger Sensible fanden mit der Hand den Ort, wo der Fluidal weilte. Ein kalter Hauch verriet es ihnen.

18. Äußerst empfindlich ist das Fluidalband gegen Druck, Stoß, Daranreißen oder Zerren.

Die Bänder zweier zugleich Dedoublierter können sich sogar miteinander verheddern. Ein ungewollter

Vorgang bewies es. Nur mit Mühe konnten die verschlungenen Bänder voneinander gelöst werden.

19. Gleich dem Bande ist auch der Fluidal vorerst höchst empfindlich. Die leiseste Berührung bereitet dem physischen Körper Schmerz, der sogar blaue Flecke als Folge eines Zusammenstoßes mit dem Spaltungsleib davontragen kann. Daher soll dem Fluidal möglichst niemand zu nahe kommen. Wohl mildert sich diese Hyperempfindlichkeit von Fluidal und Band allmählich, verliert sich jedoch nie ganz. In einer Hinsicht ein Vorteil, der es ermöglicht, den Fluidal ohne Beihilfe eines Hellsehers aufzuspüren.

Direktes Eintauchen in den Fluidalleib empfinden die Medien als schmerzhaft.

Behutsame Behandlung des Spaltungskörpers ist unbedingt geboten, anderenfalls mit ihm zugleich das Medium in Mitleidenschaft gezogen wird.

20. Nach vollzogener Spaltung zeigt sich der Fluidal dem Hellseher in polarer Färbung: in der Regel rechts blau, links orangegelb oder rot.

Sensitive sprechen aber auch von einem intensiven weißen Licht, matter bei experimenteller, stärker bei spontaner Spaltung.

21. Gekleidet ist der Fluidal bei spontanem Austritt genau wie der physische Leib, bei experimenteller Spaltung erscheint er drapiert, eingehüllt „in eine Art von fluidischem Schleier", der nur das Gesicht freiläßt.

Bei einem leuchtenden Fluidal wurden an dessen

Fingern genau die drei Ringe festgestellt, die die Versuchsperson trug.

22. Nach Papus vermag das Medium das entströmende Fluidum kraft seiner gedanklichen Vorstellung zu formen.

23. „An dem Dedoublierten sind alle leiblichen Sinne gänzlich erloschen." Er hört, sieht, riecht und schmeckt nichts, er hat auch kein Tastempfinden. Dafür besitzt alle diese Eigenschaften der Fluidalkörper. Er antwortet sinngemäß auf alle Empfindungseindrücke.

Manche Medien erinnern sich nachher, was ihr Fluidal getan hat, meist jedoch nur sehr dunkel. Oftmals aber geht jede Erinnerung verloren.

24. Der vom Körper aufgenommene Eindruck wird durch das fluidale Band dem Spaltungskörper zugeleitet und zu Empfindungen transformiert, worauf die Antwort desselben durch das Band dem physischen Leib übermittelt wird. Dieser Hergang erklärt, wieso die Medien trotz Empfindungslosigkeit beispielsweise sprechen können.

25. *Das Ichbewußtsein befindet sich im ausgetretenen Fluidal.*

„Der Fluidal, das bin ich, der Leib ist ein leerer Sack", konstatierte eine Somnambule. Ähnlich äußerte sich eine andere. Eine dritte meinte, alle Eindrücke werden ihr vom Fluidal her durch das ätherische Band zugesandt.

26. Bisweilen bleiben feine Partikelchen zurück auf dem Platz, auf dem der Fluidal geweilt hat, und erst dann ist das Medium wieder im Vollbesitz seiner physischen Kräfte, wenn sich diese fluidalen Teilchen seinem Körper eingefügt haben.

Am besten ist es, die Versuchsperson sucht selbst den Ort auf, an dem sich ihr Spaltungsleib befunden hat.

27. Unausgesetzt muß das Medium magnetisiert werden, „vor allem mit Längsstrichen von oben nach unten".

Ebenfalls als günstig erwies sich das Handauflegen auf das Sonnengeflecht sowie energische Willenskonzentration „auf eine bestimmte Leibespartie des Mediums oder auf den Fluidal".

28. Anfänglich bedarf es selbst bei den besten, mit dem Zustand des Somnambulismus hinlänglich vertrauten Medien, auch solchen, die sich bereits exteriorisiert haben, — oft *eine* Stunde, bis sich die ersten Anzeichen einer Spaltung zeigen; und zwei oder drei vorbereitende Sitzungen sind erforderlich, „damit der Fluidal genügend selbständig wird, um außerhalb des Körpers alle seine Bewegungen zu wiederholen"; hingegen braucht ein gut trainiertes Medium „zur Spaltung fast nie mehr als einige Minuten".

29. Beim Erweckungsprozeß verlaufen die Stadien in umgekehrter Folge. Der Fluidal kehrt rechts in den Körper zurück, „die Exteriorisation beginnt wieder und gleichzeitig wird die linke Seite kälter".

Stärker noch kühlen sich die beiden Körperseiten ab, besonders die linke, sobald das Medium den Stuhl einnimmt, den der Fluidal innehatte.

Diesen Temperaturunterschied stellte Durville einwandfrei an Präzisionsthermometern fest. Es ergab sich ferner daraus, daß stets nach Aufhebung des Spaltungszustandes ein Temperaturverlust auftritt.

30. *Querstriche vor Gesicht und Brust* hoben den Spaltungszustand auf. Zusätzlich wurde die linke Hand dem Fluidal auf die Stirn gelegt, wobei jedoch gelegentlich unangenehme Nachwirkungen zu verzeichnen waren.

Querstriche über Brust und Stirn des Spaltungsleibes und kaltes Anblasen letzterer, waren dem Befinden des Mediums abträglich. *Gleichpoliges* Magnetisieren hingegen wirkte stärkend auf das Medium.

Nach beendigter Spaltung, vor dem völligem Erwecken der Versuchsperson, wurde diese „mehrmals in leichten magnetischen Schlaf" versetzt. Innerhalb einer oder zweier Stunden zuweilen fünf- oder sechsmal.

31. Unvermittelt endet die Spaltung, wenn der Fluidal in plötzliche Erregung gerät, wobei das Medium heftige Erschütterungen erleidet. Wovor also zu warnen ist!

32. Durvilles Forschungen stützen sich nicht allein auf Aussagen seiner dedoublierten Medien oder der sie beobachtenden hellsehenden Somnambulen, es ist ihm sogar gelungen, den *Fluidalleib auf die Foto-*

platte zu bannen. Was aber fotografierbar ist, hat Anspruch, als real zu gelten.

Das Spaltungsphänomen, beobachtet an acht Medien Durvilles

1. *Martha:* Die Exteriorisation erreichte mit etwa 1,50 m ihre größte Strahlungsweite um den Leib herum.

   Das Medium sieht diese Aura wie einen.es umgebenden undeutlichen Schatten, der sich allmählich klärt und leuchtend wird.

   Bei weiterem Magnetisieren bildet die äußere empfindliche Aurazone „zwei gasartige Säulen", die oben stärker leuchten als unten. Sodann geht die rechte Säule durch den Leib hindurch, um sich mit der linken zu vereinigen. Zunächst hat das Ganze Wolkenform, die schließlich bei fortgesetztem Magnetisieren die Gestalt des Mediums annimmt.

2. *Nenette:* Schon nach einer magnetischen Behandlung von sechs bis acht Minuten exteriorisiert sie sich. Der Umkreis der Aura schwankt zwischen 1,60—1,80 m, zugleich sieht sich das Medium von einer graulichen Schicht umgeben, „die sich bald rechts und links in Form von zwei leuchtenden Säulen verdichtet", oben stärker leuchtend als unten.

   Die rechte Säule zieht hinter der Versuchsperson nach der linken Seite und vereinigt sich mit der anderen Säule. „In dieser Masse zeichnet sich eine Gestalt ab, die sich immer mehr verdichtet. Das Medium erkennt nunmehr seinen eigenen Fluidal. Nach dieser Vollendung weilt der Fluidal links, ein wenig vor dem Medium."

3. *Edmea:* Bei vollständiger Anästhesie, die Augenlider geschlossen, die Augäpfel nach oben gedreht, bildet die exteriorisierte Empfindungsaura einen Umkreis von 2,50 m.

Die Versuchsperson sieht von sich ein helles Licht ausgehen, „am stärksten von der Stirn, dem Schlund und der Magen-Herzgegend".

In diesem Falle ging die Spaltung etwas anders vor sich. Das Medium sieht zur Linken, etwa einen Meter vor sich, „eine leuchtende Masse von ungefähr 2 Meter Höhe und 80 cm Durchmesser". Diese befindet sich in ständiger Bewegung und scheint aus leuchtenden Partikelchen zu bestehen. Alsdann verdichtet sie sich und wird zum Doppelkörper der Versuchsperson, die ihn als solchen sogleich erkennt.

Von dem dritten gelungenen Spaltungsexperiment an verlief auch bei Edmea der Spaltungsprozeß genauso wie bei den anderen Versuchspersonen.

4. *Leontine:* Die Exteriorisation tritt hier — bei geschlossenen Augen und nach oben gerichteten Augäpfeln — beiderseits *vor* dem Leibe auf.

Bei weiterem Magnetisieren bilden sich zwei graue, leicht schimmernde Säulen, deren rechte vor die Linke tritt und sich mit dieser vereinigt. Nichts durfte dabei hindernd im Wege stehen, anderenfalls der Vorgang behindert wurde.

Bald darauf verdichtet sich die Säule und wird zu einer Gestalt, mit der sich das Medium identisch erklärt.

Wiederum leuchtete die obere Hälfte stärker als die untere.

Der Doppelkörper ist linkerseits etwa 75—80 cm vom Medium entfernt.

5. *Frau Francois:* Die exteriorisierte Aura verdichtet sich zu beiden Seiten zu einer Schicht von 60—70 cm.

Nach einiger Zeit leichte Erschütterung im Medium und Passieren der rechten Säule hinter dem Rücken und Vereinigung mit der linken. Diese Form steht 50—60 cm vor dem Medium.

Merkwürdigerweise bildet sich vorerst eine Skelettgestalt, die alsbald in Rauch und Dampf verschwindet, woraus sich eine Frau formt von unangenehmem Aussehen und erst nach unaufhörlichem Magnetisieren erblickt das Medium seinen Fluidal, der sehr leuchtend wird, besonders in den oberen Partien.

6. *Frl. Schneider:* Exteriorisierte Empfindungssphäre ungefähr einen Meter nach allen Richtungen. Die Effluvien rechts kondensieren sich nicht zur leuchtenden Säule. Sie treten bald nach links. „Dieser Übergang nach links erfolgt durch ein armdickes Band in der Gegend der Milz". (Das fluidische Band) Linkerseits entsteht zunächst eine bewegliche, immer stärker sich verdichtende Säule, die schließlich menschliche Form annimmt, mit der sich das Medium identifiziert.

Nunmehr zieht sich das Verbindungsband zusammmen „zur Dicke eines Daumens".

7. *Frl. Therese:* Spaltung auf die übliche Weise. Der Fluidal stellt sich links, in einem Abstand von 40—60 cm.

8. *Frau Lambert:* Auch deren Fluidal steht linkerseits, 20—30 cm von ihr entfernt.

Während bei fortschreitender Verdichtung des Fluidalleibes bei allen Dedoublierten eine sichtliche Schwächung des Organismus auftrat, schienen sich dagegen bei Frau Lambert die Kräfte zu steigern. Ihre Muskeln spannten sich wie in starkem Krampf.

Die im großen und ganzen herrschende Übereinstimmung der einzelnen Phasen der Spaltung verleihen den Versuchen Durvilles großen wissenschaftlichen Wert. Abweichungen, die Rochas bei seinen Spaltungsversuchen beobachtet hat, führt Durville auf dessen anders verlaufende Arbeitsweise zurück. Die Medien von Rochas wollen nämlich beobachtet haben, daß jeder der beiden Halbfluidale schon vor der Vereinigung das getreue Abbild seines physischen Körpers ist, noch dazu von farbigem Aussehen

Sinneswahrnehmungen

Hellsicht

Hellsichtige Somnambule gehen dieser Gabe mit zunehmender Exteriorisation allmählich verlustig; sie überträgt sich jedoch „beim Stadium der Sinnesfähigkeit des Fluidals" auf diesen. Hält man nun dem Spaltungsleib einen Gegenstand „an die Stirn, gegen den Hinterkopf, die Magengegend, den Scheitel oder irgend eine andere Leibesgegend, mit welcher das Medium ihn hellseherisch wahrnehmen konnte", so nimmt er mitunter nicht nur diesen, sondern auch die mit dem vorgehaltenen Objekt verbundenen Begleitumstände wahr.

Das Medium Martha zum Beispiel, an sich hellsehend, vermochte nach der Spaltung nicht mehr in dem Buche, das man ihr hinten an den Kopf legte, zu lesen; es gelang ihr jedoch, nachdem man das Buch an den Hinterkopf des Fluidalkörpers hielt.

Hin und Herschwanken des Fluidals behinderte ihn, wie das zu ihm gehörende Medium erklärte, das Zifferblatt einer Uhr, das man ihm zeigte, genau zu sehen. Doch sei nochmals betont: nur die Fluidals von solchen Sensitiven eignen sich zur Hellsicht, die an sich diese nicht gerade häufig vorkommende Gabe besitzen.

Einige Hellseher nehmen auch Gedanken wahr, nicht aber in Form von Sätzen, sondern von Ideen.

Frau Lambert sah einmal den Fluidal eines Abgeschiedenen.

Gehör

„Das Gehör des Fluidals ist die feinste und zarteste Sinnesfunktion", versichert Durville. Der Spaltungsleib hört noch dort, wo beim normalen Menschen das Ohr längst versagt. Ein Fluidal hörte noch das Ticken einer Uhr in einer Entfernung, die es dem gewöhnlichen Gehör unmöglich machte, nur das mindeste zu vernehmen.

Licht jedoch verringerte die Lautempfindlichkeit des Spaltungskörpers.

Geruch

Mochte es sich selbst um starke Essenzen handeln, wie Ammoniak, die körperliche Nase blieb unempfindlich, einzig die des fluidalen Leibes roch; woran auch entgegengesetzte Suggestionen nichts ändern konnten.

Der Fluidal empfindet sogar den Duft, der vermutlich herrührt „von dem Widerstand oder der Reaktion der von ihm ausgeströmten Effluvien und Lichter auf gewisse Gase in der umgebenden Atmosphäre".

Geschmack

Hier desgleichen versagte jedwede suggestive Beeinflussung. Mochte etwas noch so unangenehm schmecken, die Dedoublierte blieb gleichgültig. Körperlich empfand sie nichts. Anders aber, führte man Bitterholz mit einer Pinzette an die Stelle des fluidalen Mundes.

Tastsinn

Im Zustand der Exteriorisation ist die Empfindungssphäre ausgetreten, „oft bis zu einem Abstand von einigen Metern". Bei völlig empfindungsloser Haut ist das Medium geöffnet für jeden Eingriff in die Aura.

Verletzungen, dem Doppelkörper versetzt, übertragen sich wie erwähnt infolge Reperkussion auf den grobstofflichen Körper.

Eine Verletzung ihres feinstofflichen Leibes scheinen auch die Jenseitigen zu befürchten. Daher wohl die Angst vor spitzen Gegenständen.

Merkwürdig und oft beobachtet ist ferner das Integritätsempfinden Amputierter. Immer noch vermeinen sie, etwas in dem nicht mehr vorhandenen Glied zu verspüren. Es ist eben der ätherische Teil, der physisch unverletzbar ist. Manche Amputierte standen oder gingen sogar mit ihrem Ätherbein und verloren erst den Halt, sobald sie sich ihres Irrtums bewußt wurden.

Leuchterscheinungen

Zuweilen merkte man, daß der Fluidal lichte Wölkchen und „Lichtspiele" aussandte, die selbst von Nichtsensitiven gesehen wurden. Folge überschüssiger Kraft vor allem, angesammelt in dem verdichteten Fluidal und von ihm nicht ausgewertet. Diese Kraft nun entströmt seinen dichtesten Teilen nach allen Seiten in Form von Effluvien und Lichtspielen.

Desweiteren werden manchmal dem Gehirn enteilende Gedanken von Hellsichtigen als leuchtende Emanationen geschaut.

Bei einigen Zuschauern verblieb die Hand, die eine Zeitlang in den Fluidal gehalten worden war, eine Weile leuchtend.

Weitere Wahrnehmungen Außenstehender

Neunzehntel der Versuchsteilnehmer verspürten beim Eintritt der Spaltung einen *kühlen Hauch*. Andere wiederum gerieten in *leichten Schweiß* oder es überkam sie ein *leichtes Erschauern* und *Zittern*.

Sensitiven, selbst wachen Personen, machte sich der Fluidal durch *Ziehen, Drücken* usw. mehr oder minder deutlich bemerkbar. In einem Falle gelang es ihm sogar, einer in Trance befindlichen Sensitiven einen derben Schlag auf deren Fluidalkopf zu versetzen sowie an deren fluidalem Fuß derart zu ziehen, daß dieser schmerzte.

Der Fluidal überträgt Erkältung

Starker Temperaturwechsel von heiß zu kalt und umgekehrt ist dem Fluidal und somit dem Besitzer schädlich. Während das Medium im warmen Versuchsraume saß, schickte man einmal dessen Fluidal in ein entfernt gelegenes kaltes Zimmer, was eine tüchtige Erkältung des physischen Vehikels zur Folge hatte.

Physikalische Teste

In der ersten Zeit gebärdet sich der ausgetretene Fluidal wie ein ungeübtes Kind, späterhin, geschickt geworden, ist nicht einmal die feste Materie ein Problem für ihn. Er vollbringt dann alles das, was man für gewöhnlich jenseitigen Intelligenzen zuschreibt: „verschiedene Geräusche, Bewegung und Verlegung von Gegenständen ohne leiblichen Kontakt".

Dazu aufgefordert, klopfte ein Fluidal auf den Tisch. Harte Schläge wurden bisweilen erzielt. Starke Teste kamen bei Kettenbildung der Teilnehmer zustande. In der Wohnung eines Mediums traten spontan krachende Geräusche in den Möbeln auf, sowie Klopflaute.

Der Fluidal beeinflußte die Schalen einer Waage, die mit einem Klingelkontakt in Verbindung stand. Um den Kontakt zu schließen, war ein Gewicht von zwei Gramm erforderlich. Wie sich aber nachträglich angesichts des verbogenen Kontaktes herausstellte, war sogar eine Kraftleistung angewandt worden, die einem Gewicht von 25—30 Gramm entsprach.

Allein weitaus handgreiflicher noch wurden manche Fluidals. Ein Medium gab an, sein Spaltungsleib habe den Tisch „an der Unterseite gefaßt und ihn zu schieben versucht". Und in der Tat, es wurden Tische bis zu 30 cm vom Flecke geschoben, eine kleine Säule umgeworfen und ein Zuschauer „samt seinem Stuhl vom Platze gerückt". Doch dies ist nur eine kleine Auswahl von anscheinend Unmöglichem, „das altgewohnte physikalische Gesetzmäßigkeit" außer Kraft setzt, und auch eingefleischte Spiritisten da und dort korrigiert. Anscheinend dürfte H. P. Blavatzky doch das Richtige getroffen haben mit ihrer Behauptung, derzufolge ein großer Teil, wenn nicht der größte aller spiritistischen Manifestationen durch das Medium oder die Zirkelteilnehmer hervorgebracht wird.

Bei Frau Francois machte sich der Doppelkörper bisweilen spontan selbständig. Als sie eines nachts zu Bette gehen wollte, griff sie sich erschreckt an den Kopf, mit der Begründung, eben habe sie sich am Bettrand den Kopf angeschlagen. Dabei stand sie aufrecht daneben. Ein andermal, als sie bereits im Bette lag, sah ihr Gatte, wie der *Kofferdeckel sich von selbst öffnete und wieder zufiel.* Worauf sie ihn dahingehend aufklärte, sie selbst sei es gewesen, die den Deckel gehoben habe, um ein Band herauszunehmen.

Der Doppelkörper eines übermüdeten Mediums hielt die Transmissionsriemen der Nähmaschine fest, so daß sich das Mädchen gezwungen sah, endlich die notwendige Pause einzulegen. Erst als die Schneiderin wieder bei Kräften war, kam die Maschine, vordem jedem fachlichen Eingriff trotzend, wieder normal in Gang. Die Sensitive gab zu, im Augenblick der Panne sich in einem tranceähnlichen Zustande befunden zu haben.

Der Fluidal verfügt über mehr Kraft als die Muskeln. Für besondere Leistungen holt er sich zusätzliche Energien aus der Atmosphäre. So wenigstens schreibt Durville. Ich will ihm gerne glauben, denn bei meinen Hebe-

versuchen, die die Minderung der Schwere zum Ziele haben (siehe „Runenexerzitien für jedermann", Seite
177—181), scheint ähnliches der Fall zu sein. Wie wäre
es anders denkbar, daß ich ein schweres Gewicht nach
Einnahme einer bestimmten Runenstellung durchzu-
drücken und mit gestreckten Armen über den Kopf zu
heben vermochte, wo ich es sonst doch kaum bis zur
Gürtelhöhe schaffte.

Auch in die Ferne wirkt der Fluidal

Man schickte einen Fluidal vom Experimentierraum
aus in einen Saal desselben Hauses; hier wurde er von
anderen Versuchsleitern festgestellt. Ein anderer Spaltungleib mußte eine Mauer durchschreiten und eine in
der Nähe gelegene Buchhandlung aufsuchen. Zutreffend
beschrieb das Medium, Besitzer des fluidalen Wande-
rers, das Ladeninnere.

Ein andermal suggerierte Durville einer Sensitiven,
es werde ihr nächsten Dienstag der Gedanke kommen,
um dreiviertelzehn sich zur Ruhe zu begeben. Sie werde
sofort in tiefen Schlaf verfallen und ihm Punkt zehn
Uhr ihren Doppelkörper schicken, der nach stattgehab-
tem Besuch, der kurz sein könne, sich wieder bei ihr
einfinden werde. Ohne zu erwachen werde sie dann
weiterschlafen bis zum Morgen und dann frisch und ge-
stärkt erwachen. — Der Versuch gelang ausgezeichnet.
Hellsehende Sensitive, von dem Vorhaben nichts ah-
nend, sahen den Fluidal zum Fenster hereintreten und
berichteten auch weiter noch über dessen Tun.

Der gewöhnliche Schlafzustand begünstigt eine beabsichtigte Spaltung ebensogut wie eine spontane. Wer
mit sich selbst experimentiert muß sich nur in allen Ein-

zelheiten vorstellen, was sein Spaltungsleib während des astralen Ausfluges auszuführen hat, indes der Körper schlafend auf seinem Lager verbleibt. Mancher Traum ist nichts anderes als die Erinnerung an solch eine Astralwanderung.

Der Fluidal spaltet sich abermals

Der summarisch als Fluidal bezeichnete Doppelkörper spaltet sich unter bestimmten Voraussetzungen ebenfalls, wie Durvilles Versuche ergaben, womit empirisch bestätigt war, daß die Lehre von den verschiedenen Grundteilen der Menschnatur, der die Geheimwissenschaftler aller Richtungen huldigen, zu Recht besteht.

Die Farbtönung bekundete es deutlich. Daß der menschliche Körper in mehr oder minder schönen Farben leuchtet, wie schon Reichenbachs Sensitive uns lehrten, versicherten auch die Medien Durvilles und anderer. Dieses Farbenspiel jedoch war nicht jederzeit das gleiche. Löste sich infolge andauernden Magnetisierens der Fluidal von der Physis, so erschien diese der Versuchsperson sofort völlig dunkel, *dafür aber leuchtete der ausgetretene Spaltungleib in den sonst für den grobstofflichen Körper typischen Farben:* rechts also blau, links rötlich oder orange.

Demzufolge verläßt die leuchtende Substanz bei der Bilokation den Körper und strömt in den Fluidal über.

An dieser Grundfärbung änderte sich nichts, sofern der Fluidal, wie es für gewöhnlich der Fall war, in nächster Nähe des Mediums verblieb, anders jedoch war es, begab er sich in ein anderes Zimmer, in ein anderes

Stockwerk oder legte er gar noch größere Strecken zurück. Sofort leuchtete er intensiver und jetzt in *weißem Lichte*. Die farbigen Töne, die wir von Reichenbach her kennen, waren verschwunden, dafür traten diese wieder am physischen Körper der Versuchsperson in Erscheinung.

Kehrte der immer noch weißfunkelnde Spaltungsleib von seiner Exkursion zurück, meist durch die Wand, so stellte er sich wieder gehorsam links neben das Medium, wobei zusehends das weiße Licht den polaren Farbtönen wich und der physische Körper befand sich im Dunkeln.

Was bedeutet dieser Farbenwechsel? Was war vorgegangen?

Eine abermalige Spaltung mit nachfolgender Wiedervereinigung.

Beim ersten Wechsel der Farben von odisch-polar zum strahlend weißen Licht hatte sich der *Astralleib vom Ätherkörper getrennt,* und letzterer kehrte zum Stoffleib zurück — beim zweiten Wechsel von Weiß zu Odblau-Orange oder Rot hatte der ätherische Grundteil den Körper verlassen und sich mit dem zurückgekehrten astralen Prinzip wiederum verbunden.

Damit war die alte These experimentell bestätigt. Niemals kann Linga sharira sich weit fortbegeben, da die Gegenwart des ätherischen Prinzips eine Lebensnotwendigkeit darstellt, bedingt doch seine Gegenwart den „Umlauf der Lebensströme" im Körper. In ihm pulst das Agens, dessen sich die Magnetiseure bedienen und das von Ätherleib zu Ätherleib strahlt. Schon der teilweise Austritt des Bildekräfteleibes zieht körperliche Lethargie oder Katalepsie nach sich. Teilweise tritt der

Ätherleib auch beim Sterbenden aus, um an der linken Seite des Todeskanditaten zu verharren.

Während des Schlafes verbleibt das ätherische Prinzip im Körper, wohingegen der Astral in der Regel über demselben schwebt oder sich auf Wanderschaft begibt. Dies der Grund, weshalb spontane Spaltungen am besten während des Schlafes gelingen. Frage der Entwicklungsreife ist es, ob sich der Betreffende daran erinnert oder nicht.

Exkursionen auf Entfernung vermag ungeführdet nur der Kama Rupa auszuführen. Obwohl es auch hier Gefahren gibt, namentlich, wenn sein Träger sich mit schwarzer Magie beschäftigt.

Nach Aussagen von Medien soll es dem Astralleib Lebender möglich sein, beliebige Gestalt anzunehmen, sogar die eines Tieres, wodurch die Lykanthropie, die Sage vom Werwolf, an Wahrscheinlichkeit gewönne.

Theosophen zufolge ist es ja der Astralkörper der Medien, der häufig Geister vortäuscht, selbst solche in Tiergestalt. Wenn wir in Betracht ziehen, was die Fluidals von Durvilles Medien alles zustande brachten, dann ist diese Behauptung gar nicht so aus der Luft gegriffen.

Bei gewöhnlichen Spaltungsexperimenten, bei denen der Fluidal in unmittelbarer Nähe seines Besitzers agiert, handelt es sich durchweg — wie wohl hinreichend bewiesen — um ein Zusammenwirken von Äther- und Astralleib. In jedem Falle eines Austrittes des Ätherleibes verläßt auch der Astral den Körper. In diesem fluidischen Gefüge sind vereinigt Lebensprinzip, Wille, Intelligenz und Sinnenfähigkeit. Völlig reaktionslos indes ist der in Trance weilende Körper. Er ist nichts weiter als ein mechanisch funktionierender Automat, blind den Impulsen des Fluidals unterworfen.

Medien, obgleich ihnen anfangs eine solche Feststellung fremd, erkannten, daß der Fluidal sich abermals spaltet. So konstatierte eines: „Dieser Doppelkörper, das bin ich; seine Farben gehören mir an. Aber er ist wieder ein Doppelkörper; es ist merkwürdig, aber in ihm gibt es noch einen andern und vielleicht noch mehrere Doppelkörper."

Die Entdeckung der zusammengesetzten Natur des Fluidalleibes vermittelt zwischen den scheinbaren Widersprüchen der Farbwahrnehmungen der verschiedenen Sensitiven. Sicherlich kommt es stets darauf an, welche der mannigfachen Schwingungen erschaut wird. Einmal äußerte sich eine Versuchsperson: „Das ist sehr kompliziert. Der Fluidalkörper ist rechts blau und links orange. Aber ich nehme noch andere Farben innen in ihm wahr, die ständig in Bewegung sind. Das sind die Farben eines anderen Elementes des Fluidals, sie sind umgekehrt wie die Farben des ersten angeordnet." Weiter darüber befragt, meinte das Medium, die äußeren Farben gehörten jenem Leibe an, der vier oder fünf Tage nach dem Tode vergeht, die inneren demjenigen, „der viel länger lebt". Also auch hier wiederum Ätherleib und Astralleib der Geheimwissenschaft.

Bezüglich der polaren Strahlungsart — die, wie wir nun hinlänglich wissen, auf der positiven Seite sich als „blaßblaue bis indigogelbe Leuchte" äußert, auf der negativen als „orangegelbe bis rötliche" — ist Durville der Auffassung, daß sie zweifach in Erscheinung trete: *dynamisch,* im Körperinnern zirkulierend und Ströme erzeugend, „welche in bestimmten Richtungen von einem Ende zum anderen Ende durchfließen" — und *statisch* an der Körperoberfläche, um den Körper herum eine Aura bildend, von der „unausgesetzt Effluvien ausströmen", die von den Poren auszugehen scheinen. Der Schwingungsradius schwankt laut Angaben Sensitiver zwischen drei Zentimetern und drei Metern. Die stärkste Intensität erreicht die Strahlung an den Extremitäten und in der Gegend der Sinnesorgane, vornehmlich an den Augen. Hier ist das Wirkungsfeld des Magnetiseurs, dessen Wille die Körperstrahlung aktiviert und lenkt.

Zum anderen hören wir zuweilen vom Ätherkörper, er gliche in seiner Farbe der frischen Pfirsichblüte. Sein über den Körper hinausragender Teil — die Gesundheitsaura — wird uns geschildert als blaßbläuliches Weiß oder fast farblos, bestehend „aus einer unendlichen Menge feiner Strahlen..., die von den Poren des Körpers nach allen Richtungen ausströmen", regelrecht parallel gestreift bei Vollbesitz der Gesundheit.

Vom Astral hinwiederum vernehmen wir von einigen, sie sähen diesen bläulichgrau gefärbt, ungeachtet dessen entzückt andere sein heller weißer Glanz, zarter als Sonnenlicht; dies besonders bei spontaner Spaltung, wo der Ätherleib nicht mit zugegen ist. Gewöhnlichen Sensitiven hingegen erscheint der Astral „ohne Farbtöne".

Dennoch braucht keiner dieser Beobachter im Irrtum zu sein. Es kommt eben auf den Schwingungsbereich an, den der Hellseher erfaßt. Jedes der Vehikel schwingt in verschiedenen, noch näher zu erforschenden Zuständen. Auch ändern sich die Farbtöne mit der Natur des Menschen, wobei die im Augenblick vorherrschenden Gefühle das Bild entscheidend zu beeinflussen vermögen.

Immer aber kommt es auf den Hellsichtigen an, auf seine Wahrnehmungsfähigkeit. Ganz richtig urteilt Durville, der die Ansicht vertritt, auch der Astralleib habe sein nuanciertes Farbenspiel, wenn er sagt, dieses könne

nur von „sehr hochentwickelten Sensitiven wahrgenommen werden und nur dann, wenn sie ihre Aufmerksamkeit auf diese besonders subtilen Schwingungen richten".

Übrigens — wieder kraft empirischer Fakten — sind
es nicht ausschließlich Farbtöne, die ihren Ursprung im
ätherischen oder astralen Prinzip haben, der Astralleib
ist auch deswegen „heller, stärker, funkelnder" als der
Ätherleib, *weil in ihm ein noch höheres Prinzip west:
der Mentalleib.* Diesen freilich vermögen nur sehr hoch-
stehende Seher zu schauen.

„Der Mental strahlt in lebhaften, zarten Farben von
äußerst feinen Tönen, die allmählich sich verändern."

Wie überliefert, ist der Mentalleib während der irdischen Lebenszeit nicht das Abbild des physischen Körpers, vielmehr ist seine Gestalt oval und durchdringt
die drei niederen Prinzipien.

Experimentell bewiesen scheint auch das mentale
Prinzip zu sein, Träger der Intelligenz, das bei der Spaltung mit austritt. Was von ihm wahrgenommen werden
konnte, ist eine leuchtende, nach allen Seiten hin strahlende, unbeschreiblich schöne *Kugel.* Äußerst sensitive,
dedoublierte Medien sehen sie über dem Kopf des Fluidals schweben, mit dem sie durch ein gleichfalls inten-
siv leuchtendes Band verbunden ist. Ohne Zögern bezeichnete sie eine Sensitive „als Sitz der Gedanken und
des Willens". Zweifelsohne haben wir es hier mit dem
„denkenden Ich" zu tun, mit der „Intelligenzseele" oder
mit dem „niederen Manas". Nichts also im Grunde wi-
derspricht den okkulten Thesen, die wir eingangs unserer Studien hier aufzeigten. Da wie dort der Mensch
ein Wesen der Transcendenz, in dem sich Schwingungs-
zentren verschiedener Dimensionen manifestieren.

In einigen seltenen Fällen hat man bei spiritistischen Sitzungen über den Kopf der Teilnehmer ebenfalls diese mentalen Kugeln erblickt. Eine fotografische Aufnahme des meditierenden Dr. Baraduc ergab an Stelle der Kugel eine leuchtende Aureole. Von hier bis zum Heiligenschein ist es wohl nicht allzu weit.

Ein Wort noch zum

Farbensehen.

Nach *Dr. Rudolf Steiner* erlebt die Seele „an einer *physischen Farbe* nicht nur den sinnlichen Eindruck, sondern sie hat an ihr ein *seelisches Erlebnis*", das bei jedem Farbton ein anderes ist. Dieses Erlebnis bezeichnet er je nach Farbe „das Leben in Gelb . . . Blau" und so weiter. Bei Steiner kommt es demnach nicht so sehr darauf an, „daß der ‚Seher' bei einer Vorstellung einer anderen Seele so ‚blau' sieht, wie er dies ‚blau' in der physischen Welt sieht, sondern daß er ein Erlebnis hat, das ihn berechtigt, die Vorstellung ‚blau' zu nennen, wie ein physischer Mensch einen Vorgang z. B. ‚blau' nennt."
Verstehen wir Steiner recht, so ist es bei ihm mehr ein Farbempfinden als ein tatsächliches Farbensehen. Davon aber sprachen — soweit mir bekannt — die Sensitiven Reichenbachs, Durvilles und anderer Forscher niemals. Nach ihren Aussagen sahen sie die transzendentalen Farben genau so deutlich wie die der physischen Welt, ja ausdrucksvoller, schöner, prächtiger noch als diese. Augenscheinlich kommt es auf den Schwingungsgrad des jeweiligen Farbtones an, ob dieser noch dem Ätherbereich angehört, oder ob er bereits der astralen,

vielleicht sogar schon der mentalen Dimension entstammt. Natürlich spielt immer dabei das Wahrnehmungsvermögen des Schauenden eine entscheidende Rolle; was bei dem einen möglicherweise bloß das Empfinden einer Farbe hervorruft, das sieht der andere absolut real. Das Farbenspiel der Auren beeindruckt seinen
geistigen Wahrnehmungssinn genau so wie die natürlichen Farben unsere Augen.

6. DIE EXPERIMENTELLE SICHTBARMACHUNG DER MENSCHLICHEN AURA

Eigentlich müßten die zahlreichen Spaltungsversuche, die Hector Durville und Albert de Rochas bei ihren Medien so erstaunlich gut gelungen sind, längst die Wissenschaftler allerorts gezwungen haben, die feinstoffliche, die metaphysische Natur des Menschen anzuerkennen und endlich dem sterilen Materialismus endgültig den Rücken zu kehren. Daß dem nicht so ist, wissen wir. Den Einwand, die subjektive Schau der Sensitiven sei kein vollgültiger Beweis, widerlegen hinreichend andere Versuche, *Versuche rein objektiven Charakters.*

Will man schon den Angaben Hellsichtiger nicht Glauben schenken und diese durch „Erklärungen" wie „vorgefaßte Meinung", „unbewußte telepathische Beeinflussung" oder was sonst des Fadenscheinigen mehr, zu entwerten suchen, so müßten zumindest die *physikalischen Testmöglichkeiten* aufhorchen lassen. Wie konnte man bisher achtlos an Methoden vorbeigehen, die helfen, Fluidalleib, Aura und Gedankenstrahlen sichtbar zu machen?

Beweisführend waren und sind: Fotos, Phosphoreszenz- oder Schwefelkalziumschirm, Spektauranin- oder Kilnerschirm und Aurabrille.

Fotos

Die Forschungen Durvilles stützen sich nicht allein auf die Schilderungen seiner Sensitiven und auf physikalische Teste mit Waage, Tisch usw., für deren Richtigkeit spricht auch die fotografische Platte. Es ist Durville gelungen, den *Fluidal zu fotografieren,* in mehreren Fällen samt der *Mentalkugel!*

Andere Forscher bannten auf hochempfindliche Platten die Ausstrahlung der Hände sowie der Gedanken. Um ein Beispiel zu nennen, der Pariser Arzt *Baraduc* und der französische Oberst *Darget.*

Phosphoreszenz- oder Schwefelkalziumschirm

Sein Erfinder war der Franzose *Blondlot,* seinerzeit Professor der Physik in Nancy, Entdecker der N-Strahlen.

Genannter Schirm besteht aus schwarzem Papier oder Karton, dessen Fläche „in gewissen Abständen mit kleinen Feldern von Schwefelkalzium versehen" ist.

Der so präparierte Schirm wird zuerst einige Zeit dem Sonnenlicht ausgesetzt und dann, um seine Phosphoreszenfähigkeit zu erhalten, im Dunkeln trocken aufbewahrt.

Gebraucht wird er „in völliger oder relativer Dunkelheit". Nähert man ihm eine Fingerspitze, so erzeugt darauf das entströmende Od — oder die Blondlotschen N-Strahlen — einen „phosphoreszierenden Fleck".

Darüber schreibt Albert de Rochas in seinem Buch: „Die aufeinanderfolgenden Leben":

„Im Juli 1904 hat Herr Charpentier der Akademie der Wissenschaften folgendes Experiment mitgeteilt: Wenn man sich vor eine reflektierende Wand stellt und allmählich von der vorderen Oberfläche des Körpers in normaler Stellung einen phosphoreszierenden Lichtschirm entfernt (Schwefelfleck auf schwarzem Karton), so sieht man, daß dieser Lichtschirm Maxima und Minima der Intensität durchläuft, die regelmäßig voneinander entfernt sind und in der Nähe des Körpers die Existenz einer Art stationärer Wellen anzeigen, deren Länge ungefähr 35 mm beträgt, d. h. genau die Länge der Nervenwellen."

Mit solchen Schwefelkalziumschirmen arbeitete auch Durville. So legte er einmal einen kleinen Schirm auf das Knie des dedoublierten Mediums, einen zweiten auf den Stuhl, den das Fluidalphantom innehatte. Unverändert dunkel blieb der erste, indessen der zweite, sozusagen im Spaltungsleib befindliche, alsbald hell aufleuchtete. Gleiches geschah, als er den auf dem physischen Körper liegenden dunklen Schirm auf den Stuhl des Fluidals gab.

Das Leuchten dieser Schirme soll so stark gewesen sein, daß man im Finstern von der Uhr die Zeit ablesen konnte.

Ein am Körper dunkel bleibender aber beim Fluidal aufleuchtender Gegenstand, wie es der Phosphoreszenzschirm ist, dürfte wohl zur Genüge die Behauptung der Sensitiven rechtfertigen: Der seines Fluidals beraubte Körper verliert sein Leuchten, anstelle dessen wird der Spaltungskörper zum Träger der odischen Kraft.

Spektauranin- oder Kilnerschirm

Der am St. Thomas-Hospital in London tätige *W. J. Kilner* war gleich Blondlot, dessen Schwefelkalziumschirm ihn zu seiner Entdeckung inspiriert hatte, kein typischer Okkultist, dennoch experimentierte er emsig um die Jahrhundertwende mit der menschlichen Aura.

Seine Erfindung, der nach ihm benannte Kilnerschirm, besteht aus zwei Glasplatten von 12 mal 4 cm, die in einem kleinen Abstand parallel miteinander verkittet sind. Den Zwischenraum füllt eine Farbstofflösung von Dicyanin und Karmin.

Dieses Doppelglas wird nun vor das Auge gehalten.

Einschränkend sei jedoch gleich gesagt, nicht jeder sieht damit, jedoch bedarf es immerhin eines weitaus geringeren Grades von Sensitivität als im gewöhnlichen Falle für Od- und Aurasicht erforderlich ist. Die Angaben darüber schwanken begreiflicherweise, je nachdem eben ein Forscher mit der Auswahl seiner Versuchspersonen Glück hatte oder nicht. Der Wiener Arzt *Feerhow* nennt 50%, sein Landsmann *Surya* hingegen brachte es auf nur 25%.

Gut erforschbar mit dem Kilnerschirm ist Letztgenanntem zufolge die *Gesundheitsaura,* die er als „ein getreues Spiegelbild der Gesundheit, Intelligenz und des moralischen Fortschrittes" bezeichnet.

Schon eine seelisch gedrückte Stimmung wird durch Zusammenziehen ihres Umfanges und vermindertes Leuchten registriert.

Bei gestörter Gesundheit erscheinen — wie ja schon Leadbeater behauptet hat — die sonst parallel zu einander gerichteten und senkrecht zur Körperfläche stehenden Strahlen gekreuzt, umgebogen, schlaff hängend, vorzugsweise in der Nähe der erkrankten Körperstellen.

Krasse Veränderungen in Form und Farbe der Aura bewirken Hysterie, Epilepsie und Neurasthenie.

111

Die Aura Hysterischer weist Ausbuchtungen auf, vornehmlich an Rücken und Bauch. Epileptiker wiederum „haben auf einer Körperseite eine schmalere Aura als auf der anderen Seite".

Gedankenformen wurden mittels Kilnerschirm im vollständig verdunkelten Zimmer sichtbar. Eine Versuchsperson Suryas betete das Vaterunser, eine zweite hielt sich den Schirm vor das Auge. Nach ungefähr 15 Minuten Beobachtungszeit sah sie über dem Kopf der Betenden eine „prachtvolle blaue und violette Kugel in Kopfgröße ‚aufsteigen'". Hernach strebte eine „leuchtende Säule", gleichfalls vom Haupte der Andächtigen ausgehend, bis zur Zimmerdecke.

Eine ähnliche Säule hatten schon früher die Franzosen *Dr. Baraduc* und *Dr. Ixen* fotografiert.

Das „Gegrüßt seist du, Maria" erzeugte eine „geflügelte Sonne mit etwa 80 cm Spannweite (prachtvoll, goldgelb, Flügel rosarot) vom Kopfe der Versuchsperson aufsteigend."

Zu ihrem nicht geringen Erstaunen erkannte die Sensitive nachher in Leadbeaters Buch „Gedankenformen" die dort abgebildete Flügelsonne identisch mit der von ihr geschauten; vom Autor gedeutet als „Liebe, Frieden und Schutz".

Mit Hilfe des Kilnerschirmes, hervorgerufen durch andächtiges Gebet, wurde in der Herzgrube „ein hellgelbes leuchtendes Dreieck, von etwa 10—15 cm Seitenlänge, mit der Spitze nach oben", sichtbar, und oberhalb des Kopfes „ein großes, gleichseitiges, weißstrahlendes Dreieck, ebenfalls mit der Spitze nach oben, von etwa 40—50 cm Seitenlänge", wobei vom Herzen des Betenden „Lichtströme in das große Dreieck" einflossen. Dieses sogar ohne Kilnerschirm beobachtet. Das

Sonnengeflecht leuchtete dabei wie eine kleine strahlende Sonne.

Aurabrille

Gegenwärtig hat die im Handel zu beschaffende Aurabrille den Kilnerschirm in den Hintergrund gedrängt. Sie ähnelt einer Autobrille. Ihre Gläser, es gibt dunklere und hellere, sind für Aurasicht entsprechend imprägniert. Ihre Gummi- bzw. Lederfassung schmiegt sich lichtdicht an. Sie eignet sich für künstliches wie für Tageslicht.

Laut Angabe ihrer Hersteller besteht ihre Aufgabe darin, das Auge empfindlich zu machen für die äußersten Enden des Lichtspektrums, damit Strahlen, vermutlich der Aura entstammend, dem Beobachter sichtbar werden. Neben diesem Sehen der „mehr physischen Fluide" soll sie späterhin auch das „geistige Sehen", die Hellsichtigkeit im weitesten Sinne des Wortes, unterstützen.

Doch vorweg: Wunderbrille ist sie nicht! Ihre Produzenten vermeiden übertriebene Versprechungen. Wie beim Pendeln, Rutengehen und bei anderen grenzwissenschaftlichen Disziplinen ist eine natürliche Begabung hierzu Voraussetzung. Ist eine solche vorhanden, kann sie ohne weiteres ausgebildet werden.

Wie ist nun die Aurabrille zu handhaben? Eigentlich sehr einfach.

Angeraten wird, vor dem eigentlichen Versuch nach Aufsetzen der Brille ungefähr eine Minute lang in die Lampe oder in den taghellen Himmel zu blicken, ansonsten aber jedes längere Schauen in eine Lichtquelle, namentlich in die Sonne, zu unterlassen.

Um nicht einem Irrtum zu erliegen, achte man sorgfältig darauf, daß sich die Gläser nicht innen beschlagen. Ebenso prüfe man jedesmal die Lichtdichte. Kein noch so winziger Lichtstrahl von außen darf das Auge irritieren.

Das Objekt befinde sich vor einem dunklen Hintergrund (dunkle, einfarbige Wand, besser noch ein schwarzes Tuch), ungefähr einen halben bis einen Meter vom Beobachter entfernt, falls dieser nicht selbst Gegenstand seines Versuches ist. Die Lichtquelle hat immer im Rücken des Beschauers zu sein, doch so, daß das Untersuchungsobjekt gut erkennbar ist.

Abwechselnd wird nun auf das Objekt und kurz ins Licht geblickt.

Doch nicht länger vorerst als höchstens fünf bis zehn Minuten, danach lege man eine Pause von fünf Minuten ein, gehe aber über eine halbe Stunde Gesamtdauer nicht hinaus. Anfangs lasse man es mit einer Viertelstunde bewenden.

Hat man hierin einige Übung erlangt, so setze man nach geraumer Zeit die Brille im halbverdunkelten Raume ab und betrachte das Objekt — Lichtquelle immer im Rücken — *ohne Brille.*

Ferner variiere man Beleuchtung wie Hintergrund, um deren beste Tauglichkeit zu ermitteln.

Ehe man fremde Objekte — es können dies Menschen wie Gegenstände sein — heranzieht, wird empfohlen, die eigene Aura zwischen den Fingerspitzen zu beobachten, die sich als eine Anzahl grauer, nebelähnlicher, elastischer Bänder äußert.

Später tritt dann, wie von Sensitiven beobachtet, „die

etwa 5—10 cm breite, dem Körper eng anliegende Innenaura und die an diese anschließende, in diffuses Licht übergehende Außenaura, die eine Breite von ca. 13—20 cm hat", in Erscheinung.

Im Laufe der Zeit werden bei entsprechender Veranlagung die Wahrnehmungen immer subtiler und es zeigt sich dann manches, was von früheren Hellsehern her bereits bekannt ist. Vorzugsweise werden Veränderungen der Aura erkannt, bedingt durch Krankheit oder sonstige Indisposition.

Mit wachsendem Wahrnehmungsvermögen werden die dunklen Gläser durch hellere ersetzt, bis schließlich die Brille gänzlich überflüssig geworden ist.

Zur *Förderung der Hellsichtigkeit* ist folgendes Exerzitium vorgeschrieben:

Man trage die Brille dreißig Minuten lang mit der Einstellung, dadurch die Hellsicht zu entwickeln; und dies jede Woche zur selben Zeit, unter denselben Bedingungen. Sofern man mit anderen zusammenarbeitet, so müssen es immer die gleichen Mitarbeiter sein.

Parallel zu den Übungen forme man sein Leben im magisch-esoterischen Sinne.

Allein die Aurabrille hat sich nicht nur die Aufgabe gestellt, die Aurasicht zu begünstigen und bestehende Anlagen zum Hellsehen zu fördern, sie hat sich ein weiteres, sehr begrüßenswertes Ziel gesetzt, das ihr sicherlich einmal allgemeine Anerkennung verschaffen muß: nämlich die *Fotografie* jener durch sie geschauten Vorgänge.

Dem versierten Fotografen erschließt sie ein schönes Betätigungsfeld, er muß sich nur hochempfindliche Infrarotfilme und Platten verschaffen und die Kamera damit im absolut finsteren Raume laden. Vor die Kameralinse kommt das Aurafilter.

In England befaßt sich bereits eine Gruppe Metaphysiker mit diesem Forschungszweig. Es soll ihr gelungen sein, die Aura eines Dauermagneten zu fotografieren. Obzwar trübe, ist sie dennoch deutlich im Bilde sichtbar.

WORAN WIRD SENSITIVITÄT ERKANNT?

Wer nun aber ist sensitiv? wird man wohl längst fragen. Gibt es irgendwelche Anzeichen, woraus auf Sensitivität geschlossen werden kann? Der alte Freiherr versicherte, es gäbe solche. Machen wir uns daher mit den von ihm vertretenen Merkmalen bekannt und prüfen wir dann, inwieweit bei uns und unseren Mitarbeitern Sensitivität gegeben scheint.

1. Unruhiger Schlaf

Alle guten Sensitiven leiden an einem gestörten Schlaf, was jedoch nichts mit krankhaften Schlafstörungen zu tun hat. Sie schlafen nur nicht wie der Normalmensch in einem Zuge durch. In der Regel wachen sie alle paar Stunden auf.

Ausnehmend günstig bewertet Reichenbach Herumwälzen im Bett und Abstrampeln der Decke.

Weiters kommt es darauf an, in welcher Richtung das Bett steht.

Als beste Lage gilt: Kopf dem Norden, Füße dem Süden zugewandt.

Allein auch Ost- (Kopf) West- (Füße) Richtung nehmen verschiedene Sensitive nicht ungern ein.

Störungsfreies Erdstrahlungsfeld selbstverständlich vorausgesetzt.

Wie stark unter Umständen eine bestimmte Körperlage unser Wohlbefinden beeinträchtigen kann, lernte ich am eigenen Leibe kennen, und zu einer Zeit, wo mir die Begriffe von odischer Polarität und sonstigen Strahlungskräften fremd waren. Stundenlang wälzte ich mich schon fiebernd im Bette, ohne nur für einige Minuten Ruhe zu finden. Spontan einem Einfall folgend, bettete ich mich um, Kopf zum Fußende des Bettes. Erstaunlich, wie still ich plötzlich lag, bar aller Unruhe. Bald sank auch das Fieber.

2. Sensitive sprechen im Schlaf

Noch besser ist es, gesellt sich dem unruhigen Schlafe Sprechen und lebhaftes Agieren bei. Manche Schlafende richten sich auf, beantworten Fragen, schlafwandeln mitunter regelrecht: durchweg Zeichen überschnittlicher Sensitivität, die eigentlich schon an Somnambulismus grenzt, sich oft zu natürlichem somnambulem Zustande steigert.

Solche Sensitive lassen sich durch Magnetisieren leicht in Trance versetzen.

3. Als schlafstörend hat sich erwiesen

Die *Mauerwand* zur *Linken* des Schläfers; die *Verdauungszeit nach dem Essen; Kühle, Regen* und *Schneewetter, Ost-* und *Nordwind; die Nähe* von „*Pflanzen, Bäumen, Rosensträuchern", magnetische Striche;* der odpositive, Wärmegefühl erzeugende *Mond,* der als letzte Steigerung Somnambulismus und Schlafwandeln bewirkt.

4. Sensitive sind Alleinschläfer

Es ist eine Qual für sie, mit jemandem zusammen in einem Bette zu schlafen.

Schon auf einer Bank oder inmitten einer Bankreihe fühlen sie sich durch ihre Umgebung beengt, weil — so erläutert Reichenbach — „alle odgleichnamigen Paarungen lauwarmig, alle ungleichnamigen wohlig kühlig" sind.

5. Von Menschenansammlungen halten sie sich möglichst fern.

Verständlicherweise ist ihnen daher jegliches Menschengewühle zuwider, sei es das Gedränge auf der Straße, im Theater, Kino oder bei Versammlungen. Starksensitive fallen mitunter sogar in Ohnmacht.

6. Sensitive können nicht lange die dargereichte Rechte in der ihren halten.

Den Grund hierfür kennen wir bereits. Gleichnamige Pole stoßen sich ab. Es sei denn, die beiden Ode verbinden sich ausnahmsweise sehr harmonisch, wie es zumeist bei Liebenden der Fall ist.

7. Sie sind keine begeisterten Reiter.

Schuld daran ist wiederum die gleiche Polarität; stößt doch die rechte Seite des Menschen mit der des Pferdes zusammen, respektive links auf links.

8. Metall wird von den meisten Sensitiven als unangenehm empfunden.

Stark sensitiv Veranlagte vertragen nicht einmal Haarnadeln (aber das war zu Reichenbachs Tagen, welches weibliche Wesen benutzt heute noch solche). Überhaupt hantieren sie höchst ungern mit Metallgegen-

ständen (was eigentlich auch bei der Berufsberatung berücksichtigt werden müßte), ja schon Bleistifte erzeugen
bei sehr Sensitiven ein „widerliches Gefühl"; denn jeder dieser Stoffe besitzt zweifaches Od, nämlich „neben
dem dualen Od ihrer Pole, noch ein spezifisches Od ihrer
Materie".

9. Spiegel wirken „lauwidrig"

Nur für kurze Zeit vermögen sensitive Personen in
einen Spiegel zu schauen oder sich in dessen Nähe aufzu-
halten. Seine Od-Positivität wird als sehr widrig empfunden. Namentlich die odpositive Quecksilberfläche
großer Spiegel erregt Hyperempfindliche. Sehr stark ist
das lau widerliche Empfinden, wenn Sensitive ihre *linke*
Körperseite der Spiegelfläche zuwenden; stehen sie dagegen *rechterseits* davor, so verspüren sie eine angeneh-
me Kühle.

10. Sensitive reagieren auf in Wasser gelöstes Brause-pulver.

Kühle wird auch verspürt, wenn die Linke ein Glas
Wasser hält, darin sich eben Brausepulver auflöst; dasselbe Experiment mit der rechten Hand durchgeführt,
erzeugt ein „Gruseln und Rieseln".

11. Auch andere Materialien beeinflussen.

Grünspan macht sich äußerst unangenehm bemerkbar, *Messing* desgleichen, umsomehr, je stärker es mit
Grünspan überzogen ist.

Streichen Hochsensitive mit der linken Hand über
Messing, so können sie sich des Eindruckes eines unange-

nehmen Geschmackes wie Geruches nicht erwehren. Erst gründliche Reinigung der Hand mit Wasser und Seife verscheucht diese widrige Wahrnehmung.

Salzige Verbindungen (u. a. Kochsalz, Fluß-, Schwer- und Gipsspat) werden linkerseits „angenehm kühl oder kalt" empfunden.

Schwefel, in der Hand gehalten, zieht Kühle, Schwere, Steifigkeit, Einschlafen der Hand oder des Armes" nach sich, desgleichen „Griebeln, Stechen, Ziehen im Vorderarm", das sich bis zur Gefühllosigkeit steigert.

Ein *Glas Wasser auf Schwefel gestellt,* sättigt sich alsbald mit negativem Od und erzeugt in der Kehle ein mit Stichen verbundenes Kratzen.

Ein *Glas Wasser* wenige Minuten in einen *Messingmörser getan,* ergibt eine mit positivem Od gesättigte Ladung, die, sofern das Wasser genossen wird, „einen spezifischen widerlichen Geschmack" zeitigt.

Kronzeuge für derlei Teste ist entschieden die Seherin von Prevorst, wie jeder bei Justinus Kerner nachlesen kann.

12. Die Hände, an die Wand gehalten, registrieren einen Temperaturunterschied.

Berühren die Spitzen der gespreizten Finger eine Wand, so verspüren die der linken Hand die Temperatur etwas kühler als jene der rechten.

13. Blumendüfte werden nachts nicht vertragen.

Reichenbach legt dies dem odpositiv reagierenden „Ammoniakgehalt jedes Blumenduftes" zur Last.

Nichtblühende Pflanze, insonderheit Blattgewächse, behindern weder Sensitive noch Nichtsensitive.

14. Mittel- und Hochsensitive bevorzugen Saures und verabscheuen Süßes und Fettes; kalte Speisen und Getränke ziehen sie warmen oder heißen vor.

Säuerliches Obst, saure Salate, saure Weine, Sauermilch, Wasser von Säuerlingen werden bevorzugt genossen, ebenso Salziges und Scharfes, wie Senf, Rettich, Salz und Pfeffer. Andere Gewürze jedoch, außer eben genannten, werden zurückgewiesen.

Merkwürdigerweise verschmähen manche unter ihnen — wie Reichenbach wiederholt feststellte — gekochtes Fleisch, nicht aber rohes.

15. Sensitive sind keine starken Esser.

Obwohl viele von ihnen nur wenig genießen, sind diese deswegen keineswegs übertrieben mager.

16. Sehr verschieden ist der Einfluß von Farben auf den sensitiven Organismus.

Rot wirkt erregend; Gelb ruft Übelkeit hervor, die sich bei Hochsensitiven bis zum Erbrechen steigert; *Blau* wird von allen Farben am besten empfunden.

17. Nicht gleichgültig ist es, wie man einen Sensitiven behaucht.

Behauchen der *rechten* Innenhandfläche (natürlich so, daß die Versuchsperson es nicht gewahrt) wird als „laulig" bezeichnet werden, falls man sich des Reichenbach'schen Ausdruckes bedient, „kühlig" hingegen, wenn man die Innenseite der Linken behaucht.

Bläst man (wieder so, daß es nicht bemerkt wird) über den Arm in Richtung Fingerspitzen, so kann man einer angenehmen Reaktion sicher sein, das Umgekehrte aber wird der Fall sein, bläst man auf den Arm von der Hand zum Ellenbogen hinauf.

Reichenbach hält diesen Test für den untrüglichsten. Er ist immer Beweis echter Sensitivität.

18. Ferner muß das Streichen „über die Hand, den Arm, das Antlitz, den Leib" empfunden werden; mit anderen Worten: Wer über den nötigen Grad an Sensivität besitzt, ist magnetischer Behandlung zugänglich.

Luft- und *Schwebestriche,* ausgeführt in einem Abstand von einer Handspanne und mehr ab Körperfläche, erzeugen bei guten Sensitiven den für Exteriorisation und Spaltung notwendigen somnambulen Zustand.

Gegenstriche mit den Handrücken (von den Füßen zum Kopf) heben den Somnambulen Schlaf wieder auf.

Die Strichführung sei *langsam,* von etwa einer Minute Dauer; normalerweise vom Kopf zu den Füßen.

Nicht selten liegt es am Magnetiseur, ob sein Od quantitativ wie qualitativ dem Behandelten zuträglich ist.

19. Einige Hochsensitive erfühlen Krankheiten und besitzen psychmetrische Begabung.

Allerdings handelt es sich hier um äußerst seltene Fälle. Ganz wenige nur aus der gewiß nicht geringen Anzahl Sensitiver werden dazu befähigt sein, ohne Pendel treffende Diagnosen zu stellen oder gar anhand eines Gegenstandes über dessen Herkunft und die näheren Umstände etwas auszusagen.

20. Sensitiv ist desweiteren derjenige, der bei Runen-übungen und ähnlichen Exerzitien ein spezifisches Empfinden feststellt.

Eine Testmöglichkeit, von der der alte Reichenbach wohl nichts wußte.

Eifrig Runen Übende berichten übereinstimmend von einem eigenartigen Kribbeln und Strömen an den verschiedensten Körperstellen. Sie alle haben berechtigte Hoffnung, ihre zweifellos vorhandene Sensitivität durch weiteres, ausdauerndes Üben noch mehr zu steigern.

Zwanzig Punkte haben wir nun vor uns. Je mehr Punkte ein Mensch auf sich vereinigen kann, desto ausgeprägter dürfte dann sein ihm angeborenes sensitives Wahrnehmungsvermögen sein.

8. EINIGE WINKE NOCH ZUM WEITERFORSCHEN

Steigerung des Strahlungsvermögens und der Sensitivität

Kraftfeld sein einer starken Strahlungsaura und Besitzer eines sensitiven Übersinnes: beides ist notwendig und bis zu einem bestimmten Grade erreichbar. Wo natürlich nicht die Spur einer Sensivität vorhanden ist, werden freilich kaum irgendwelche Übungen dazu verhelfen. Eine wenn auch schwache Anlage jedoch — und eine solche dürfte zweifelsohne bei vielen vorhanden sein — läßt sich ausbilden. Und selbst für diejenigen, die sich vergebens bemühen, sensitiv zu werden, haben keinen Grund, die für Exerzitien aufgewendete Zeit und Kraft als verloren zu beklagen. Ein gekräftigter Organismus dankt ihnen für die geleistete Arbeit, deren Ergebnis *Oderneuerung* ist; denn nicht allein der Stoffwechsel bedingt eine Erneuerung des Odes, jede der nachstehend genannten Übungen bewirkt ein gleiches. Intensiver, nachhaltiger sogar, da die Exerzitien neben dem physischen Organismus den Metaorganismus einbeziehen. Viel tragen *Odabgabe* — wie sie das Magnetisieren anderer bedingt — und die den stattgehabten Verlust wieder ausgleichende *Odaufnahme* in den verschiedensten Formen von Prana- und Runenexerzitien zur Auffrischung der fluidischen Strahlkraft bei.

Wichtig ist es, daß unser Körper — mit ihm der fluidale — in Schwingung kommt; denn „eine Verstärkung der odischen Wirkung tritt immer dann ein, wenn ein *Odträger in Schwingung* gerät". Dies ist bereits bei Wärme und Schall der Fall. Nicht umsonst bezog Mesmer bei seinen magnetischen Heilbehandlungen die Musik mit ein. Die Magie des Schalles, besser die der Tonschwingungen, steht uns jederzeit zu Gebote bei allen Lautübungen, basierend auf der Grundlage des Vokalatems, der Runen, wie überhaupt der Mantramistik.

Eine Verstärkung des od-magnetischen Schwingungsfeldes — für hierfür Veranlagte verbunden mit einer Verfeinerung der sensitiven Wahrnehmungen — bewirken *Atem-* und *Od-Praktiken* (ausführlich dargelegt in „Der erfolgreiche Pendelpraktiker" und „Magisch-esoterische Lebensformung in Theorie und Praxis"), namentlich die *Pranazufuhr durch konzentrierte Tiefatmung* (Yoga-Atem), die Aufnahme von Sonnenprana vermittels der *Sonnenprana-Übung* sowie regelmäßiges *Selbstmagnetisieren* durch wechselseitiges Bestreichen der Arme und Bestreichen des Körpers von Kopf bis zu Füßen mit gekreuzten Armen. Besser noch sind die Resultate — Praktiker bestätigen es — verknüpft man eben genannte Übungen mit den in vielerlei Variationen möglichen *Runenexerzitien;* ist es doch gerade der *Runen-Yoga,* der, wie kaum eine andere Methode, trotz seines leicht durchführbaren Übungssystems neben den entsprechenden Körperstellungen Tiefatmung, Vokalatmung, Mantramistik, magnetische Strichführung, Konzentration und Meditation in sich vereinigt und dadurch in hervorragendem Maße die Aufnahme fluidischer Imponderabilien ermöglicht.

Wer *Buchstabenübungen* im Sinne *Kernings* („Briefe zur königlichen Kunst"), *Weinfurters* („Der brennende

Busch") oder *Sebottendorfs* („Die Praxis der türkischen Freimaurerei") betreibt, wird es ebenfalls nicht zu bereuen haben.

Auch vom Unterbewußten her kann das sensitive Wahrnehmungsvermögen gesteigert werden. Demnach: restlose Körperentspannung (z. B. Autogenes Training), Versenkung sowie Ausrichtung auf das erwünschte Ziel durch Autosuggestion.

Von großem Vorteil wäre es, sich mit einem Magnetiseur und Hypnotiseur zusammen zu tun. Schon einfaches Magnetisieren zeigt, wieweit man befähigt ist, die vom Magnetiseur vollzogenen Striche zu verspüren, besonders bei geschlossenen Augen die den Körper nicht berührenden Schwebestriche.

Oder ein anderer Versuch: Die Hand des Magnetiseurs auf der gegenpolaren Körperseite ruhend, wird bei stärkeren Sensitiven „kühles Wohlbehagen" auslösen; gleichnamiges Auflegen (rechts auf rechts, links auf links) hingegen wird auf Mißbehagen stoßen. Das Empfinden steigert sich, befindet sich die Hand in der Schwebelage, also nicht in direktem Kontakt mit dem Körper. Am stärksten dürfte die Strichführung empfunden werden.

Solche und ähnliche Praktiken machen den Behandelten nicht nur wahrnehmungsfähiger für od-magnetische Vorgänge, sie schaffen sehr wahrscheinlich darüber hinaus die Voraussetzungen für spätere Versuche im Sinne de Rochas.

Aufschlußreicher noch wird das Ganze, verfolgt ein Dritter, eine Aurasichtiger mit der Aurabrille den Hergang.

Versuche in Verbindung mit der Aurabrille

Bis zur eigentlichen Aurasicht — ganz glückliche Fälle ausgenommen — wird es wohl mancherlei an Zeit und Geduld kosten. Allein die Natur, in deren Rätselreich wir leben, ist nun einmal neidisch und gibt in hartem Ringen nur ihre Geheimnisse preis. Wer sich zum Forscher berufen fühlt, geize also nicht, den Tribut zu entrichten, den sie fordert; der Neugierige aber, eine mühelose Sensation erwartend, lasse besser vom Anfang gleich die Finger davon. Die Neidische kann mitunter recht mitleidlos sein. Grausamkeit ist einer ihrer markantesten Wesenszüge. Dies zur Warnung!

Geduld stehe obenan. Seien wir vorerst mit wenigem zufrieden und freuen wir uns selbst über den bescheidensten Erfolg.

Da wäre zuerst das

"Fädenziehen",

das wir schon von Rochas her kennen und das auch die Praktiker der Aurabrille als erstes empfehlen.

Wir legen leicht den nach unten weisenden Rücken der einen Hand in die Innenfläche der anderen, und zwar so, daß hierbei die lose gehaltenen Fingerspitzen ungefähr die Handwurzel berühren. Nunmehr führen wir langsam die Arme auseinander und beobachten, was sich dabei tut, sobald die Finger beider Hände sich voneinander entfernen. Die weißlich grauen bis bläulichen Fäden, zuweilen zu schwach leuchtenden Bändern sich entwickelnd, sind durchaus keine Augentäuschung. Vergessen wir dabei nie, die Hände über eine dunkle Unterlage zu führen bei nicht zu heller Beleuchtung im Rücken. — Das gleiche versuchen wir mit umgekehrter Handhaltung. (Die nach unten weisende Innenfläche der einen Hand auf den nach oben zeigenden Rücken der anderen.)

Dieses Hin- und Herbewegen der Händen vollführen wir eine Zeitlang, nie jedoch länger als es Augen und Konzentration gestatten. Der Blick sei entspannt, nicht scharf fixierend. Besser ist ein kleiner Sehschlitz als weitgeöffnete Augen. Pausen einlegen ist wichtig.

Die Sensitiveren unter uns werden alsbald nicht nur Fäden und Bänder sehen, etwas wie „Schwimmhäute zwischen den Fingern" wird erscheinen und schließlich umhüllt ein bläulicher oder grauweißer Nebel die Hände. Eine gute Weile aber wird es dahin haben, bis der ganze Körper in den Reichenbach'schen Farben erscheint.

Eine andere Übung für Anfänger ist der Versuch, die *Ausstrahlung der Finger einer Hand* zu sehen. Die Fingerspitzen sind gegen eine dunkle Unterlage gerichtet in einem Abstand von einigen Zentimetern und mehr, wobei die Finger völlig gelöst sein müssen.

Um nicht Opfer einer Selbsttäuschung zu werden, sei als Kontrolle ein

Versuch mit drei Gläsern Wasser

empfohlen, wie wir ihn kürzlich in unserem Forschungszirkel durchgeführt haben.

Von drei gleich großen Gläsern Wasser lud ich eines mit der rechten Hand, das andere mit der linken, indes das dritte Glas neutral verblieb.

129

Zwei Sensitive beobachteten die von mir vorgenommene Odung, die eine mit, die andere ohne Aurabrille. Übereinstimmend bekundeten sie: Fäden lösen sich von meinen Fingern und vermischen sich mit dem Wasser. Die Ausstrahlung der linken Hand war wesentlich stärker als die der rechten. — Der Grund hierfür? — Rechterseits hatte ich nur mit meiner Rechten geodet, während ich beim Aufladen des zweiten Glases mit der Linken ergänzend die rechte Hand, zum Isrunengriff geformt, über den Kopf erhoben hielt und zusätzlich den „Runenstrom" damit aufnahm und diesen mit meinem Od vereint in das Glas überleitete.

Der vierte Versuchsteilnehmer, der im Nebenraum verweilt hatte, bestätigte uns, daß wir uns nicht geirrt hatten. Klar zeigte sein Pendel an, welches der Gläser mit Od imprägniert war und mit welchem.

Dieser Versuch läßt sich noch weiter ausbauen. Man ode andere Stoffe ein, Watte, Wolle, Leder, Papier, Verbandzeug, und übertrage das darauf aufgespeicherte Od dem Körper der Versuchsperson. Wiederum unter Kontrolle von Pendel und Aurabrille. Hier sind wir schon im Bereich der vielgestaltigen Mumia.

Interessant waren ferner die Beobachtungen, die eine Sensitive bei

Versuchen in Verbindung mit ausgebrannten Glühlampen

machte. Wie ich u. a. in „Runenexerzitien für jedermann" (Seite 175/177) dargelegt habe, leuchten Glühlampen (die meisten wenigstens) auf, wenn man sie mit der *trockenen* Hand reibt. Das Merkwürdige hierbei ist:

nicht jedem — wie man eigentlich annehmen müßte — gelingt dieses Experiment, und selbst diejenigen, denen der Versuch glückt, bringen ihn in der Regel nur dann zuwege, sofern sie mit bestimmten Teilen der Hand die Lampe reiben. Noch gehen ja die Meinungen auseinander, noch wissen wir nicht, ob wir es lediglich mit einer Auswirkung der Reibungselektrizität zu tun haben oder ob das Phänomen auf einer besonderen Art und Stärke der menschlichen Ausstrahlung beruht. Reibungselektrizität müßte eigentlich — trockene Hände vorausgesetzt — in jedem Falle auftreten, gleichgültig wer die Birne bearbeitet. Daß dem aber nicht so ist, bewiesen bisher unzählige Versuche, und Physiker blieben mir die Antwort schuldig auf die Frage, wieso es nicht unter den gleichen Bedingungen jedem möglich ist, auf diese Weise Elektrizität zu erzeugen, die das Gas in der Birne aufleuchten läßt, oder, was seltener der Fall ist, die Drahtenden im Glassockel zu leichtem Glühen bringt. Auch müßte es gleichgültig sein, mit welchen Hautstellen die Lampe berührt wird.

Nun will unsere Sensitive festgestellt haben, als sie nach dem Glühlampenexperiment ihre Hand mit der Aurabrille prüfte, daß ausgerechnet diejenigen Stellen (bei ihr namentlich Handballen und Fingerbeugen) an denen die Lampe besonders schön aufgeleuchtet hatte, odisch stärker strahlten als jene Stellen, an denen die Birne zum Versager wurde.

Natürlich wäre es mehr als voreilig, auf diese Beobachtung hin sofort eine These aufzustellen. Immerhin möge dieses Experiment mit zur Anregung dienen.

Ein sehr aufschlußreiches Beobachtungsfeld bieten fortgeschrittenen Sensitiven die Fülle der

Entweder sie betrachten sich selbst während ihres Runenexerzitiums oder sie beobachten andere Runenübende. Außer auf die Asanas, die diversen Runenstellungen, sollte vorzugsweise ihr Augenmerk auf die Mudras, also auf Hand- und Fingerhaltung bei den Runengriffen, gerichtet sein, um festzustellen, inwieweit die Hände während des Übens stärker strahlen. Dem guten Hellseher obliegt noch die Aufgabe zu ermitteln, welche Farberscheinungen dabei auftreten. Wobei stets aber in Betracht gezogen werden muß, daß das menschliche Strahlungsfeld ein vielfältiges ist. Abgesehen von den Hauptschwingungen der *ätherischen, kamischen* (astralen) und *mentalen* Aura, treten innerhalb dieser aurischen Gebilde Unterschwingungen auf, worauf schon die alten Esoteriker hingewiesen haben. Darauf haben wir jederzeit bei allen Aurabeobachtungen Rücksicht zu nehmen.

Im allgemeinen dürften die ersten Wahrnehmungen mehr einfacher Natur sein. So will eine Sensitive, während ich Runen stellte, gesehen haben, daß sich etwas wie streifenähnlicher Nebel um meine Stirne lagerte, der je nach An- und Abschwellen des Runenlautes bald heller, bald dunkler wurde.

Gute Hilfe leisten ferner Pendel und Rute, wie ich wiederholt feststellte. Jedesmal — und dies in verschiedenen Kreisen, durchgeführt von verschiedenen Radiästheten — ergab sich ein erheblicher Unterschied zwischen der gewöhnlichen Schwingungsbreite der Aura und jener durch Runenkraft aktivierten. Rute wie Pendel zeigten eindeutig das räumlich geweitete Schwingungsfeld, das gleichzeitig an Schwingungsstärke zugenommen hatte.

Gute Möglichkeiten bietet die

Erforschung der odischen Lohe,

deren elementarste „Ausduftung" bereits von Schwach-
sensitiven gesehen werden kann, wie ein einfacher Versuch vielfach bewiesen hat.

Hält man die nach oben weisende Hand bei nicht zu
starkem Lichte gegen einen dunklen Hintergrund, eine
Wand oder dgl., so wird es gar nicht lange dauern, bis
es um die Fingerspitzen zu wallen beginnt, wie bewegte
Luft bei großer Hitze.

Besseren Sensitiven fällt es gewiß nicht allzu schwer,
die von Reichenbach gemachten Angaben über das Verhalten der Lohe nachzuprüfen.

Einbezogen werden sollte desweiteren die

Erforschung der Huter'schen Strahlungszone.

Wer die Lehre des Psycho-Physiognomikers und Le-
bensforschers *Carl Huter* kennt oder zumindest die darauf bezugnehmende Abbildung der „Strahlungsbereiche
des menschlichen Körpers" in „Runenexerzitium für jedermann" (Seite 30) studiert hat, wird wissen, daß nach
Huter um den Körper eine Reihe von Zonen feststellbar sind: eine „Lebenswärmezone", eine „odische Zone",
eine „Zone magnetischer Kraftlinien", eine „Zone des
elektrischen Strahlungsbereiches" und darüber hinaus,
wohl schon den feinsten Imponderabilien angehörend,
die „Zone der heilkräftigen Helioda".

Nicht außeracht gelassen sei die

Magnetische Kette.

Auf mancherlei Weise kann sie gebildet werden. Wohl die einfachste Kette wandte der Arzt Hufeland an.

Eine Person umfaßte mit ihrer linken Hand die rechte Hand des Kranken und mit ihrer Rechten Hufelands Linke, während der Arzt mit seiner Rechten die Linke des Patienten berührte; wodurch sofort der „schmerzhafte Anfall" verschwand.

Reichenbachs „Menschenkette" bestand aus einer Anzahl in einer Reihe aufgestellter Teilnehmer, die sich an der *gleichnamigen* Hand hielten.

Das Ergebnis: Der am Anfang und am Ende der Reihe Stehende strahlte ein viel stärkeres Odlicht aus als dies sonst beim Einzelnen der Fall war.

Wieder eine andere Vorschrift zur Kettenbildung lautet:

„Man stelle im Kreis zu beiden Seiten des Patienten mehrere gesunde Personen auf . . . Diese sollen sich durch ihre Daumen in Berührung bringen, so daß die rechts vom Kranken stehende diesen mit der linken, die links vom Kranken ihn mit der rechten Hand anfaßt. Der Magnetiseur muß ein Glied in der Kette bilden. Wenn er magnetische Striche machen will, sollen seine Nachbarn ihre Hände auf seine Schultern legen."

Das Strahlungsvermögen dieser Ketten stellte man nun durch direktes Hellsehen oder durch Gebrauch der Aurabrille fest; sowie mittels Pendel und Rute.

Und nochmals, für alle Versuche bindend: Gelingen wie Fehlschlag sind in erster Linie von der Wahrnehmungsfähigkeit der jeweiligen Versuchsperson abhängig und von deren Gesundheitszustand. Letztgenannter hat natürlich auch auf die Person, die gerade getestet wird, großen Einfluß.

Bei Erkältungskrankheiten entsteht lokaler Od-Mangel, bei entzündlichen hingegen staut sich stellenweise zuviel Od an; wodurch auch das sensitive Wahrnehmungsempfinden in Mitleidenschaft gezogen wird.

Entzündliche Stellen lösen ein Empfinden der Wärme aus, sobald der Magnetiseur über den Körper streicht, Kühle dagegen wird empfunden, wenn der Patient an Rheumatismus, Blutleere, Verhärtungen oder kalter Geschwulst leidet. Um das Übel zu mildern, wäre in ersterem Falle zusätzlich eine Behandlung mit Blaulicht, im letzteren mit Rotlicht erforderlich.

Körperliche Disharmonien hinterlassen in der Gesundheitsaura ihre Engramme, psychische und mentale Vorgänge prägen der Charakter-Aura (astrale und mentale Aura) ihr Bild.

ZIELWEISENDES NACHWORT

Vertraut mit den epochemachenden Entdeckungen genialer Forscher, die überliefertes esoterisches Weisheitsgut bestätigen, den Menschen als transzendentales Wesen empirisch erkennen lassen — ist es nunmehr an uns, den Nachfahren dieser von der offiziellen Wissenschaft bislang totgeschwiegenen Männer, deren Vermächtnis zu nutzen, indem wir weiterforschen und neue Beweise schaffen, daß unsere vergängliche Form bloß Träger des keinem Tode unterworfenen wirklichen Menschen ist.

Allmählich müssen wir uns auf diesem für die Erforschung der metaphysischen Natur des Menschen so wichtigen Grenzgebiet weitertasten, bis es uns glückt, den hierzu nötigen Grad von Sensitivität zu erreichen oder aurasichtige Sensitive zu entdecken und solche, deren Empfindungsfähigkeit eine Exteriorisation ermöglicht. Dann sind wir nicht allzu ferne mehr, den großen Vorbildern — Reichenbach, Rochas, Durville und anderen Forschern — nachzueifern. Anregungen hierfür sind gegeben, mehr noch findet sich in den Schriften genannter Pioniere.

Kaum wird ein Einzelner das gesteckte Ziel erreichen. Nicht jeder kann jede Art von Versuchen bewerkstelligen; aber viele vermögen es in emsiger Mosaikarbeit. Der Einwand, wie selten sich Sensitive fänden, ist nicht stichhaltig, es eignet sich auch nicht jeder zum Kosmonauten, dennoch läßt man den Raumflug nicht fallen.

Ob nun in Reichenbachs Dunkelkammer oder mit Kilnerschirm, Aurabrille, angeborener Hellsicht oder gar mit dem Fotoapparat, ob als Versuchsleiter oder Medium für Exteriorisation oder Spaltung: jeder von ihnen trägt dazu bei, nachzuweisen, daß wir mehr sind als flüchtiger Staub.

Die Wissenschaft hat dann, was sie zurecht verlangt: den durch nichts mehr zu erschütternden Beweis.

Zu Ende ist die Zeit des blinden Glaubens, wenn einmal das Wissen vom metaphysischen Menschen so selbstverständlich geworden ist wie heutigentags die traurigen Erfahrungen mit den Zerstörungsgewalten, die in den Atomen lauern.

Die Welt muß endlich dahin kommen, daß ein jeder, der die Frage nach dem Woher und Wohin stellt, sich selbst — gestützt auf *eigene Erfahrung* — die Antwort gibt. Mehr wird dann der „Laie" darüber wissen als sonst Priester und Professoren schlechthin. Womit es um deren Vormachtstellung getan ist.

Endlich überzeugt durch die Wucht unbestreitbarer Fakten werden selbst die verbissendsten Materialisten schließlich ihre Bastionen räumen, und bisher sich unfehlbar dünkende Institutionen werden sich gezwungen sehen, manche ihrer abgebrauchten Grundsätze aufzugeben.

Ohne dogmatische Bevormundung seitens weltlicher oder geistlicher „Autoritäten" liegt dann der Weg zum *Urquell* frei.

Jede Entdeckung, die dem Urgeheimnis, das sich um den Menschen rankt, eine seiner Masken entwindet, ist eine notwendige Etappe zu dieser grandiosen Weltschau.

NACHWORT
ZUR ZWEITEN AUFLAGE

Wie schon im Vorwort zur ersten Auflage betont, ist es selbst dem Atheisten durchaus möglich, die menschliche Aura vorbehaltlos zu durchforschen. Nun, inzwischen ist es geschehen! Semjon Kirlian, der Elektriker von Krasnodar, wurde durch Zufall (besser wohl: durch Fügung) auf die menschliche Emanation aufmerksam. Nicht eher ruhte er, bis er der Sache auf den Grund kam. Er entwickelte ein fotografisches Verfahren in Verbindung mit elektrischen Hochfrequenzfeldern. Für diesen Zweck konstruierte er einen Hochfrequenzfunkengenerator, der 70 000 bis 200 000 elektrische Schwingungen erzeugt. Angeschlossen an diesen Generator werden Platten, optische Instrumente, Mikroskope oder Elektronenmikroskope". (Ostrander / Schroeder: Psi)

Ein Finger, in das Hochfrequenzfeld gehalten, zeigt eine Fülle von „Linien, Punkten, Lichtkrater und Leuchtfeuer". Gar erst die Hand. „Funken, Blitze, Lichter, Leuchtkugeln" und glitzernde Flammen gehen von ihr aus. Ja, der ganze Mensch bietet „ein aufregendes Panorama von Farben, Flammen und Blitzen".

Ist es die Aura? fragen die Wissenschaftler, Mitglieder des Präsidiums der Akademie der Wissenschaften der UdSSR.

Kirlian und seine Frau Walentina sprechen von Biolumineszenz, die auf den Fotos sichtbar wird, wenn Hochfrequenzströme durch lebende Objekte geschickt werden.

Schlagend scheint die Kirlianfotografie zu beweisen,

daß der Mensch außer seinem physischen Leib noch einen „Energiekörper" besitzt. Sechs namhafte russische Gelehrte bescheinigen es mit den Worten:

„Alle lebenden Wesen — Pflanzen, Tiere, Menschen — haben nicht nur einen physischen Körper, der aus Atomen und Molekülen besteht, sondern auch einen Gegenstück-Energiekörper."

Sie nennen ihn den „biologischen Plasmakörper" oder den „Bioplasmakörper".

Daß der Energiekörper der Wissenschaft dem Ätherleib der Okkultisten entspricht, dafür nur einige Beweispunkte:

Die Grundfarben in den berückenden Farbenspielen sind Blau und Gelbrot, also die Odleuchte der Sensitiven Reichenbachs, Dr. Killners, Durvilles und anderer.

Zur Erhaltung des Bioplasmakörpers wird ihm laufend Energie zugeführt. Diese natürliche Aufladung besorgt die Atmung. Der Sauerstoff, wie beobachtet, liefert eine bestimmte Art von Energie. Das Prana der Yogi?! — Jedenfalls gilt Linga sharira als Träger des Lebenspranas.

Alles, was im Ätherleib vor sich geht, spiegelt sich im physischen Körper, und umgekehrt. So hörten wir, und Kirlians Erfahrung bestätigt es. Anläßlich eines bevorstehenden Besuches von Wissenschaftlern überprüfte er sorgfältig seine Apparatur. Zu seinem Befremden strahlten die Hände nicht wie sonst. Was er sah, waren lediglich chaotische dunkle Flecke und Wolken, während das Energiebild der Hände seiner Frau, seiner unermüdlichen Mitarbeiterin, in gewohnter Weise leuchteten. — Die Lösung? — Kurz darauf machte Kirlian ein altes chronisches Leiden wieder zu schaffen, dessen bevorstehender Ausbruch sich im Energiekörper durch stark verminderte Strahlung angekündigt hatte. Nicht allein nahende Erkrankung, auch seelische Vorgänge, schon nervöse Erregung, verändern erheblich das Strahlungsbild, wie Kirlian ebenfalls am Energiefeld seiner Hände feststellen konnte, als er wieder einmal einem namhaften Besuch seine Entdeckung vorführte. Aus Angst, es könnte schief gehen, wurde er zusehends nervöser, was zur Folge hatte, daß seine Hände so gut wie nicht mehr strahlten. Die Hände seines Besuchers hingegen, der, ungeduldig geworden, sich nun selbst überzeugte, leuchteten in wunderbaren Farben. Kirlian hatte wieder etwas dazu gelernt. Überliefertes esoterisches Weistum hat damit seine Bestätigung gefunden.

Bestätigt wurde auch Reichenbachs Forschung auf dem Gebiet der Pflanzen. Ein *frisches* Blatt ins Feld eines Hochfrequenzstromes gelegt, erstrahlt in Myriaden Energiepunkte. Die Ränder wiesen „türkisfarbene und rötliche Flammenmuster" auf. Anders beim *halbverwelkten* Blatt. Hier erlöschten allmählich die Lichter. Beim *toten* Blatt waren alle Leuchtphänomene erloschen.

Von welcher Tragweite für die Praxis diese Entdeckung ist, bewies ein markanter Vorfall. Zwei Blätter der gleichen Pflanzengattung, die der Direktor eines wissenschaftlichen Forschungsinstitutes zwecks Prüfung mitgebracht hatte, gaben Kirlian eine harte Nuß zu knacken. Das eine Blatt in wunderschöne Farben gehüllt, das andere hingegen „zeigte nur winzige dunkle geometrische Muster". Wie es sich nachträglich herausstellte, stammte das strahlende Blatt von einer gesunden Pflanze, das andere, wie erwähnt von gleicher Gattung, war von einer noch nicht erkannten Krankheit befallen. Bald darauf ging die Pflanze ein. — Hunderte Blätter der verschiedensten Pflanzen wurden Kirlian gebracht, und er stellte richtig die Diagnose aufgrund des Energiestrahlungsfeldes.

Übrigens wieder im vollkommenen Einklang zur esoterischen Lehre, der zufolge ja bereits die Pflanze einen Ätherleib besitzt. Ähnlich der menschlichen Aura ist auch die pflanzliche Anzeiger von Wohlbefinden wie Disharmonien.

Und darum geht es in erster Linie den russischen Wissenschaftlern, Krankheiten bereits im Entstehen zu erkennen, ehe sie noch im physischen Körper ihr Zerstörungswerk beginnen. Ein segenbringendes Unternehmen, das Arztkosten und Ausgaben für Medikamente erheblich verringern dürfte und mancher Krankheit noch vor ihrem sichtbaren Ausbruch Einhalt gebieten wird. Bei Mensch, Tier und Pflanze.

Um einen gewaltigen Schritt bringt uns Kirlians geniale Entdeckung weiter, hält sie fernerhin, was sie gegenwärtig verspricht. Zwar noch nichts von einem Durchbruch zur Transzendenz. Der Ätherleib befindet sich noch innerhalb unserer atomaren Welt.

Immerhin ist eine bedeutsame Hürde genommen. Und nicht die einzige. Die Psi-Forschung ist in breiter Front im Vormarsch. Hart steht sie an den Grenzen einer dieser Welt übergelagerten Dimension. Durchaus liegt es im Bereich des Möglichen, daß sie diese zwangsläufig einmal überschreiten muß. Dann werden wohl die astralen und mentalen Schwingungszustände — wenn nicht sogar noch höhere — ebenfalls ins Aufgabengebiet der wissenschaftlichen Psi-Forschung fallen. Unter anderen Namen sicherlich. Was schadet es.

Hauptsache, daß das entgottete Weltbild endlich einer esoterischen Weltsicht weicht.

Verwendete Literatur

Annie Besant: *Die sieben Prinzipien*

Dr. phil. G. Brandt: *Carl Huters Helioda – die neuen Lebens-Strahlen*

Hector Durville: *Der Fluidalkörper des lebenden Menschen*

Friedrich Feerhow: *Die Photographie des Gedankens oder Psychographie*

Justinus Kerner: *Die Seherin von Prevorst*

Dr. G. von Langsdorff: *Wer ist sensitiv, wer nicht?*

C. W. Leadbeater: *Der sichtbare und der unsichtbare Mensch*

C. von Reichenbach: *Die odische Lohe*

Albert de Rochas: *Die Ausscheidung des Empfindungsvermögens*

Albert de Rochas: *Die aufeinanderfolgenden Leben*

Karl Spiesberger: *Runenexerzitien für jedermann*

Karl Spiesberger: *Runenmagie*

Karl Spiesberger: *Der erfolgreiche Pendelpraktiker*

Karl Spiesberger: *Unsichtbare Helferkräfte*

Karl Spiesberger: *Hermetisches ABC*. Band 1: Magisch esoterische
  Lebensformung in Theorie und Praxis

Karl Spiesberger: *Der Traum in tiefenpsychologischer
  und okkulter Bedeutung*

Karl Spiesberger / E. Sopp: *Auf den Spuren der Seherin*

Rudolf Steiner: *Theosophie*

G. W. Surya: *Okkulte Diagnostik und Prognostik*

G. W. Surya: *Die Kraft der Gedanken, des Wunsches und Gebetes*

Ostrander / Schroeder: *Psi*